U0942298
愛，要勇敢
伍詠光

愛，要勇敢——戀愛的心理分析
作者／伍詠光
策劃編輯／伍詠慈
美術設計．插圖／鄺穎殷
出版發行／突破出版社
香港沙田亞公角山路33號突破青年村
電話：2632 0000　傳真：2632 0388
電郵：breakthrough@breakthrough.org.hk
網址：http://www.breakthrough.org.hk
http://www.btproduct.com
承印／陽光（彩美）印刷有限公司
2020年7月初版1刷
2022年10月初版2刷

The Courage to Love: A Psychoanalytic Perspective
by Ng Wing-kwong, Ringo
First Printing, First Edition, July 2020
Second Printing, First Edition, October 2022

Printed in Hong Kong
ISBN 978-988-8562-25-1

本書經文取自《新標點和合本》，版權為香港聖經公會所有，承蒙允准採用，特此鳴謝。

誠邀閣下就突破出版社的書籍發表意見

歡迎加入突破書籍 Facebook page — http://www.facebook.com/btbooks.page

本書採用環保油墨印刷

生 活 與 輔 導

關懷、連繫、復和、

溝通、對話……

凝視心之脈動，

直到重新尋獲自己的心。

目錄

第 2 章　忍耐曖昧的勇氣

第 3 章　拒絕佔有的勇氣

第 4 章　建立親密的勇氣

第 5 章　處理衝突的勇氣

第 6 章　走出情傷的勇氣

第 7 章　仰望恩典的勇氣

序：為何我要寫下去

奧地利哲學家路德維希・維根斯坦（Ludwig Wittgenstein）有句名言「既然無話可說，不如不說。」（Wovon man nicht sprechen kann, darüber muss man schweigen.）這說明我生活上的一道難題。

首先，我總覺得別人沒責任要聽你一派胡言，除非對方真的感興趣。加上在輔導室工作上的歷練，我時刻警惕自己要節制說話 ，希望儘量做到言簡意賅最好，但這並不容易。

其次，我腦海中所收納的思緒實在太多，有時難以一言以蔽之，又有時不肯定所說的是否完全等同我所想。難怪經常感到別人未能全然領會我的意思。

所以我必須寫作。於我，這是一種「必須」。

實踐上，寫作讓我義無反顧地將心底的存檔較徹底地整理和表達，彷彿動用另一個腦袋。情感上，那管你中看不中看，我就是必須誠實地面對自己，放低一種「你可能覺得我長氣」的狐疑，暢快地將腦袋中的東西釋放出來。

世上有些作品必定永垂不朽，也有更多作品只服務某一個特定時代。我從沒想透過寫作流芳百世。我相信我是後者，如此能夠服務某些人已經不錯。

為何要寫「愛情」？

愛是歷久彌新又殊不簡單的課題。由《詩經》的「關關雎鳩」到蘇軾的「生死茫茫」，由秦觀的「朝朝暮暮」到《紅樓夢》的「真真假假」，明示或暗示愛情令人感到深不可測、若即若離的相思之苦。但所謂「相見時難別亦難」，人無從抵抗愛情的魔力。心理學始祖弗洛依德（Sigmund Freud, 1856-1939）曾說：「愛與被愛是人類最高的滿足。」人類的本體就是關係，也需要尋找關係。這個寫作主題不會有寫盡的一天。

這本書是前作《戀愛出事的理由》（2014）的「精神分析版」(psychoanalytic version)，借舊作重新以心理精神分析學的角度考量，透視人類最原始的愛的原動力，解構和深化在通俗心理學 (pop psychology) 上學過來的知識技巧。這種學習形式可以幫助我們避免一種純粹「鸚鵡學舌」的行為，轉去發現自己和他人最真實和最深層的一面，即使如兩隻箭豬終能走在一起，相依相偎，都不害怕傷損。這好像心理學家唐納德威尼科特（Donald Winnicott, 1896-1971）對愛情的定義：

「愛是一種自我放下，放下個人的慾望與假設，可親密地和細心地聆聽，尊重對方的一份奧秘，同時承諾即使發生了什麼壞事都好，也不覺被冒犯，更不會反擊。」

最後，寫作這本書之際，正值我快將離開服侍了十多年的突破機構。在這裏，我學到了很多，同時領悟生命成長必須在喜與悲、笑與汗的交織下進行。我感謝突破出版社的賞識和提携，這些年替我出版了十一本作品；感謝編輯詠慈多年的信任和指教；感謝生命中一直陪伴過或是擦身而過、於我有愛有恩的人；當然更感激主耶穌基督，祂以奇妙莫名的愛去愛我這個不堪的人。

你的弟兄

Ringo

2020 年 5 月

楔子

How do I love thee?

How do I love thee? Let me count the ways.
I love thee to the depth and breadth and height.
My soul can reach, when feeling out of sight.
For the ends of Being and ideal Grace.

…

I love thee freely, as men strive for Right;
I love thee purely, as they turn from Praise.
I love thee with the passion put to use,
In my old griefs, and with my childhood's faith.

…

I love thee with the breath,
Smiles, tears, of all my life ! – and, if God choose,
I shall but love thee better after death.

Elizabeth Barrett Browning（1806-1861）

我應該如何愛你？

我應該如何愛你？讓我細訴吧！
我愛你的深度、闊度、高度，
就像我的心靈探索上帝的同在和無窮的恩典。

……

我要義無反顧地愛你，好像追求公義；
我要單純地愛你，根本無需掌聲。
我對你的愛和熱情，混合着過去的悲傷和純真的信念。

……

我要愛你！用盡我的呼吸、微笑、眼淚，甚至整個生命去愛你；
如果上帝准許的話，願我來生只有更愛你。

伊莉莎白・巴雷特・伯朗寧（1806-1861）
（英國女詩人）

導言：我應該如何愛你？

愛很簡單。拍一次拖，結一場婚，可能不難；找一個男人擁抱，找一個女人肉體溫存，也不難。愛很難。難在找一個你願意為他或她付上全部生命的人；難在愛得要生要死過後，仍然感到值得；難在不單要甜蜜，更是走向親密。

戀愛的鑰匙

我應該如何愛你？很多人都想得到戀愛的鑰匙或者靈丹妙藥，解答戀愛的謎底。

楔子裏的那首西洋詩是作者送給丈夫的禮物，至今仍是西方婚禮朗誦詩歌的首選。這首詩道出很多感情的真諦：

- **愛**，要義無反顧，需要勇氣。
- **愛**，不求自己的好處和掌聲。
- **愛**，與成長和過去經歷、信念有關。
- **愛**，關乎你整個人，包括身心靈。
- **愛**，反映上帝與我們的關係，需要祂的恩典和同在。

  其中詩句更分別參考《聖經・以弗所書》第三章 17 至 19 節「使你們滿有力量，能和眾聖徒一同領略何為那闊、長、高、深，並認識基督那超越知識的愛」，及《聖經．雅歌》第八章6節「因為愛如死之堅強，嫉妒如陰間之殘忍。」

以上幾點正反映這本書的特色：

1. 愛需要勇氣

書名叫《愛，要勇敢》，說明愛需要一份勇氣。「勇氣」的英文是 courage，這個字的拉丁文字根（cor）即「心」字。勇氣，就是心的力量（即一份內在力量），去面對關係中的挑戰、負面情緒、不確定和自我缺陷。有人說過，「愛」這個字由「受」與「心」組成，缺一不可。愛一個人，除了拿出一顆「心」，也要奉獻出三個「受」：

感受：深入了解和共鳴對方的感受；
接受：對自己和他人的接納；
承受：彼此承擔與支持。

2. 講戀愛，也講親密關係

親密是戀愛的核心。建立親密的關係，你才有力量和資源去付出。親密是戀愛的鑰匙。所以，我們討論愛，不得不了解親密關係。兩個人，是既獨立又主觀的個體，如何認識、如何交往、如何建立真摯關係，走向親密，是一個奧秘。

3. 戀愛不能一步到位，會經歷不同階段

由單身到曖昧，由追求到建立，由衝突到分離，彷彿一年四時，每個階段各有特色，互相影響，互為關連。階段與階段之間，連繫住人對自己和他人的情感、了解、關愛和同理心，如何為別人的好處設想。

4. 戀愛與成長息息相關

應該如何去愛這課題，等於「該如何做個成熟的人」，不論在什麼戀愛階段，每個人都要具備反省能力，有勇氣去改變和改善自己。做好自己，是愛人的先決條件。心理學家埃里希・弗洛姆（Erich Fromm, 1900-1980）說過：「如果一個人忽略了個人成長的成熟程度，單單視愛情為一種激情感受，並希望一直沉溺其中。那麼，愛便變得不簡單。」

5. 精神分析心理學

本書主要以精神分析心理學（psychoanalysis）為基礎，分別引用學派裏不同的心理學家和學說，目的是透徹地由情感世界到潛意識世界去看透一個人。潛意識受我們的成長和經歷、與至親關係的影響，引導我們的思維和行為模式。口雖說愛你，但潛意識發揮影響時，會教人做出「不愛」的行為。

6. 基督教信仰

《聖經》記載，上帝創造人類時，慨歎：「人獨居不好」。這

裏表達兩重意思：1）人失去關係會變得孤寂，孤寂是人最深層的無奈與空洞；2）人不能失去關係，關係是人的核心，人要透過關係來塑造。本書並非一本純心理學的著作，其思想理論跟基督教一脈相承。在最終章會以《聖經》和信仰解構何謂真愛。

「愛」的哲學

「哲學」這個詞英文是 philosophy，由 philo 和 sophia 兩個希臘文組成。前者意思是「愛」，而後者是「智慧」。生活的哲學就是要帶着智慧去愛，或帶着愛去追尋智慧。

我見過無數離離合合，愛得你死我活，又難捨難離的關係。也許這才是「正常人」的行為，因為人本來就是無知與自私。但無人生下來就懂愛。愛，需要學習，需要鍛煉，需要屢敗屢戰。因為愛這個字實在太神奇：

愛，是個 —— **名詞（noun）**，讓你去認識她。
動詞（verb），讓你去實踐她。
形容詞（adjective），讓你去感受她。
連接詞（conjunction），讓你連繫你的情人。
主詞（subject），讓你學懂愛自己。
受詞（object），讓你學懂愛他人。

第 1 章

抵禦寂寞的勇氣

人生，是一個寂寞的旅程。

一個人的時候叫「孤單」，想擁有一個人的時候叫「寂寞」。

寂寞，就是感覺自己不重要，可有可無。

抵禦寂寞的勇氣，是一份存在感。

Mi 的寂寞旅途

Mi 感到人生中最大的遺憾是，從未正正式式，轟轟烈烈地拍過一次拖。

Mi 在中學時期曾經結交幾個男生，以為可以一嘗拍拖滋味。可是，最後她總是發覺對方根本沒想過跟她在一起，純粹利用她來打發時間，甚至在肉體上佔便宜而已。自此，Mi 不再相信愛情會降臨在自己身上，覺得自己沒有價值。

長大後，Mi 偶有男生接近，可能因着以前的陰影，並沒有認真地接受，恐怕會再被人玩弄感情，然而內心卻有一份揮之不去的寂寞。

Mi 被朋友慫恿去酒吧結識人，但每次都帶着戰兢心情，怕會遇上壞男人。每次有男士走近，她都不由自主地自動閃開。她知道自己實在害怕，又問自己究竟怕什麼？可能，她認為他們都是不懷好意，自己根本沒什麼吸引力。

直到最近，她在朋友的 Instagram 上認識了一個男生，感覺他是個不錯的人：斯文、好動、開朗，又有品味，開始對他有點好感。她抵禦不到長時間的寂寞，決定鼓起勇氣去認識他，開始對話，最後約會出來。Mi 跟他相處中，直覺他似是個好男人，又加上他不抗拒自己有時借故輕輕觸碰他、試探他，很快就認定對方都會喜歡自己吧！

一次晚飯時 Mi 喝到半醉，對方主動建議送她回家。路程中，Mi 因為有點醉，又加上內心的寂寞難耐，就忍不住擁着他，而對方也沒有推開。這是她多年來沒有經歷的一份溫暖。

當時，她心裏突然冒起一個很奇怪的念頭，不如將第一次給他，可能多年來很寂寞，感覺沒有人想碰她。雖然他不是心中最理想的人，也算是認識的男生中比較合格的一個。將第一次給一個認識的人，總好過給一個「渣男」或者陌生人；也可能，人生再沒有機會將第一次給任何一個男人吧！她想被一個人擁有，也想擁有一個人。

「醒呀！」她摑醒自己，質問自己：「我傻了嗎？為何想這糊塗事？我變成怎樣的人？」忽然間，她覺得自己很差勁，很討厭自己。

她知道，如果真的跟他發生關係，將會更感寂寞。這一刻，Mi 很落寞無奈。

寂寞，引發戀愛強迫症

寂寞會令人不安，可以引發「恐懼症」，也可以推向另一極端，成為一種「強迫症」，害怕錯失戀愛時機。Mi 以前戰戰兢兢，最後突然「奮勇地」要獻出第一次，落差似乎很大。其實，她被寂寞驅使，強迫自己求愛。

對於 Mi，或許這不是強迫，而是迫不得已。有頭髮誰想做禿子？

我認識一個男孩子，他說自己是白羊座，性子急，年少時已經嚮往戀愛，也不容許自己「無拖拍」；結果他盲目地開展一段又一段感情，從無間斷，近乎沒有單身的時間。

其實，不一定是白羊座的人才急於戀愛，很多人都對戀愛趨之若鶩，渴望得人所愛，身邊有個伴，千方百計尋覓對象，追求目標，抱着人有我有、大小通吃的心態。他們不是為了與時間競賽；所焦急的，是難以面對自己單身的身分，無拖拍的標籤。

以為擺脫單身，就擺脫寂寞

難以面對單身背後有一個想法：「單身不好！」他們羨慕別人身邊有個伴，有幸福。這是一種人有我有的想法。他們甚至以為人生最佳的戀愛時間快要過去。以下是兩個「強迫症」的例子：

我認識一個剛好十八歲的男孩子，他對我說：「朋友都笑我沒有拖拍，十八歲仍然沒有性經驗，真丟臉！」之後，他在生日派對上結識了一位女生，是朋友的朋友。他不算喜歡她，可是為了達成「目的」，火速開始這段感情，一個月後引誘對方發生性關係，之後「用完即棄」。冷靜過後，他感受很差，覺得自己好 cheap！

我又認識一個廿九歲的女孩子，條件不錯，就是慨歎自己一直沒有拖拍。快三十歲了，怎麼辦？男人三十一枝花，愈大愈有魅力；女人三十爛茶渣，愈老愈降價。於是，從不相信一見鍾情，又怕尷尬的她，竟然勉強自己用交友 apps 去認識異性。約會中，她看不上眼的人跑來接近她，一表人才的卻漠視她。最後，她不但無功而回，而且感覺自己更無價值。

以為擺脫單身，就可以擺脫寂寞，這想法很傻。就像 Mi 以為給對方第一次就有一份真溫暖一樣。

其實寂寞不一定跟單身有關。

勇敢面對內心的羞恥感

年齡和人生階段是很多人的「成績」關口，無人想戀愛學科交白卷。他們被「單身不好」的念頭驅使，焦急地作「選擇」，最後又重回起點。

焦急的背後是一份焦慮，焦慮的原因是一份羞恥感。面對單身，有時是面對那份羞恥感。社會對單身人士的標籤和挖苦已令人羞恥至極。籮底橙、剩女、電車男、宅男、光棍等等形容詞將人的外在內在質素，甚至把人的本質，貶至低點，一文不值。

寂寞引發焦慮。焦慮使人失去耐性，失去理性，受情緒支配。或許，焦慮因為自己缺乏自信心。

有人說：「自信的人最有吸引力。」**自信不一定有關外表、身分、收入和地位；自信是如何衡量自己，認清自己想要什麼，走什麼方向，不用比較或受閒言閒語影響。**

有人說：「我愛故我在。」先決定去愛，待稍後才發現自己**（存在）**。我卻說：「我在故我愛。」不妨先去發現和肯定自己**（實在）**，然後你會漸漸找到愛、懂去愛。

如果我以三個字作總括，就是「愛自己」。**懂得愛自己的人，才配去愛他人。**

戀愛雖不是生命的全部，但戀愛會連繫以上美好的東西，交織成一個有關你的生命圖譜。**所以，你的起始點是活好每一天，令你感覺每一天都實在、自在，以至自信。**活好每一天的起始點，就是了解如何才能活得好。

活好每一天，就是愛自己。要認清自己，先問自己一些問題：

- 我有什麼喜好？興趣？
- 我有什麼人生目標和理想？
- 我有什麼喜歡的人物？
- 我有什麼親愛的人物？
- 我有什麼一生可珍惜的事？
- 我有什麼未了的心願？
- 我喜歡怎樣打扮自己？
- 我如何令自己更健康、健美？

很多人問我：「應該幾多歲才可以拍拖？」「應該幾多歲才可以結婚？」我認為通通不是「幾多歲」的問題。我反而會問：「你認識自己有多少？你愛自己有多少？」

有人說：「我愛故我在。」

先決定去愛，稍後才發現自己（存在）。

我卻說：「我在故我愛。」

不妨先去發現和肯定自己（實在），

然後你會漸漸找到愛、懂去愛。

慢慢來，真愛可等待。

看穿寂寞的真相

Mi 很寂寞。寂寞令她迷失，不知所措。在不知所措下，人有時會做錯決定，做了很傻的事，最終令自己討厭自己，感覺自己更不可愛，他人沒可能會喜歡自己，那就更感寂寞。

有人覺得寂寞的源頭是單身。不錯，單身不好過。「單身不好過」的恐懼令人為愛而焦急。孤單寂寞令你想快快找個伴，特別是遇上大時大節：生日、情人節、聖誕節，你不想寂寞地過。每逢佳節倍思「親」，有人在旁的感覺多好。你想有個人與你親近，並給你一個情深的擁抱。

會孤單不一定寂寞

有時，當獨個兒的時候，會感覺悶。因為悶，所以想有人陪，所以想拍拖，拍拖可以是一個目標、一種活動、一場消遣，卻不一定想愛。

孤單（alone）不等於寂寞（lonely），也並不關乎有沒有人陪在身邊。我接觸過不少拍拖多年的情侶，甚至夫婦，有伴在旁，仍感覺寂寞。

孤單是什麼？寂寞又是什麼？

- 孤單是個人和集體的區別，寂寞是心靈上的孤單，缺少心靈上的共鳴。
- 孤單是一刻狀態，寂寞是一種久久不散的心情。
- 孤單是一時一刻，寂寞是隨時隨地。
- 孤單是沒有人陪，寂寞是沒人懂。
- 孤單是別人不理會你，寂寞是你已灰心到一個點，你不想理會別人。
- 孤單是想說，但身邊沒有人願意聽，寂寞是你已經變得冷漠和沉默，再不想真心表達自己。
- 孤單是渴求他人存在於你身邊，寂寞是你只想獨個兒，不需要他人。
- 孤單是表層，寂寞是深處。
- 一個人的時候叫孤單，想擁有一個人的時候叫寂寞。

寂寞，是一份疏離感

人是關係的生物。疏離感可以驅使人走向人羣，建立關係，發展感情。但有趣的是，有時疏離感又叫人走向兩極：一是心急發展無數無質素、無內涵的關係，二是無奈地與人更疏離，避開人羣。

很多人，特別是一向孤單、一向沒有愛情的人，會心存幻想，以為兩顆寂寞的心一旦走近，貼在一起，便能產生奇妙的化學作用，親密和溫暖感覺自然出現。或許一刻的親密幻

象會頓然出現，不過也會像煙火一樣稍瞬即逝。

愛有這麼神奇嗎？可以完全消弭疏離感或孤單嗎？其實疏離感源於一些你未曾觸及和處理的苦惱，例如：

- 朋友邀請我外出的次數，少於我所期望的次數，令我感到很鬱悶。
- 有時候我深深感覺到在這個世界上，自己孤身一個，容易被遺忘。
- 其他人只管自己的生活，不會理會、明白我的苦況。
- 今天的人際關係流於表面，要找一位知心朋友，實在很難。
- 今時今日人與人之間的互相信任愈來愈少，只會勾心鬥角，利益至上。
- 你與我過着機械式的生活，感覺自己不過是一顆小小的齒輪或組件。
- 所有人表面友善，心底卻是自私，容不下他人的事。

原來，不論你是單身或拍拖，都會有機會感到寂寞。寂寞是一件很內心的事；一種沒人看見自己，沒人明白自己，以為自己微不足道的冰冷感覺。而當人為此感到寂寞時，便會覺得自己更不可愛。這是一個惡性循環。

下一篇開始，我們會逐一探討寂寞人內心的不同狀態，對戀愛的影響。

寂寞，會令人在關係上進退失據。
迷失，只會令人更寂寞。

六種寂寞感

寂寞與單身不一定畫上等號。以下介紹六種寂寞感，反映什麼時候，人都可能感到寂寞。

陌生環境

我曾獨個兒跑去英國進修一年。這一年我生活在一個沒朋友沒親人的陌生地方。異文化和異語言令我覺得自己格格不入，沒有半點歸屬感。

與眾不同

在職場上，可能發覺自己的價值觀跟其他人不同，有種道不同不相為謀，或者話不投機半句多的感覺。

眾人皆忙

當你遇上問題，好想找人傾訴，拿起手機，感覺每個朋友都各有各忙，煩着自己的事，就不敢找人，唯有自己處理好了，但又恐怕處理不到。

沒有陪伴

總是不想獨個兒去旅行，獨個兒去吃飯，獨個兒上戲院，因為這感覺很差，也怕他人看見自己似個孤獨精。

沒有深交 身邊很多朋友，但並沒有深交，因為沒有人能完全懂我，明白我。常自覺是個多麼複雜的一個人，常想他人沒經歷過，又怎曉得？

沒有信任 感覺世途險惡，每個人都很自私，不會為我無條件地付出。最終，一切要靠自己。這很大可能是曾經歷過如被出賣等失望痛苦。

抖擻勇氣，先發現自己可以是個可愛的人

我明白你感到寂寞，因為你可能不再相信從關係中可得到什麼，不相信自己的存在價值。是的，沒人愛，自己就算不了什麼。簡單地說，你覺得自己不可愛。

全球最大的私人旅遊指南出版社「寂寞星球」（Lonely Planet），名字由來有一段有趣的故事。創辦人韋勒夫婦（Mr. and Mrs. Wheeler）最初構思名字時，想引用 Joe Cocker 的一首歌 *Space Captain*，歌詞中的一句是“lovely planet”（可愛的星球）。可是，他們將 lovely 誤寫成 lonely（「可愛」變成「寂寞」）。**不錯，我們往往將「可愛」搞錯成「寂寞」，忽略了自己可愛，值得被人關注，得人愛惜的一面。**

請你開始認清，這不是有沒有拍拖的問題，而是你對自己的看法、對人的信任，及一份積存很久的疏離感。

請你面對自己那份疏離感：**重新檢視你的人際網絡，受過多少別人的欣賞和愛護，又受過什麼傷。**

經典文學作品《小王子》描述一個跑到地球來的小王子，經歷寂寞、友情與得而復失的愛。主角走遍大小不同星球，不斷發現生命的奇蹟及關係的精彩。小王子在地球上遇到一隻狐狸，狐狸對他說了一句發人深省的話：「人只有用自己的心才能看清事物，真正重要的東西用眼睛是看不到的。」

嘗試用心去看你身邊的人和關係，透過以下的「關係銀河」，將你所認識的名字，按與你的親近程度，寫在這些星球上，看誰人跟你或近或遠，你將會發現其實很多人很愛你。

先放下自己的冷漠，用心去發現身邊關係的美好。

你會發現自己生活在一個「可愛」（lovely），

而不是「寂寞」（lonely）的星球。

寂寞，引發戀愛恐懼症

寂寞會支配着人對戀愛的看法和行為，變得很執著。其一，就是戀愛恐懼症，想愛又不敢去愛，進退失據。Mi 就因為內心的矛盾，在戀愛中拖拖拉拉。

例如，很多人表面上很有要求，談戀愛也很認真。他們要慧眼看天下，誓要找到最好的對象，才配成為自己的終身伴侶，但別人總說他們很挑剔。或許你對愛情都很認真，很堅持。**「認真」可能幫你尋到真幸福，但「執著」可能令你孤獨終老。「認真」和「執著」就只差一線。**

怕輸、怕冒險

你有否想過？你的「認真」其實可能出於「害怕」，就是怕冒險、怕輸。不錯，感情是兩個陌生人走在一起，的確是一場冒險，無人可預料誰勝誰負。（如果你認為感情真是一場勝負遊戲的話！）

你可能怕輸，也怕輸不起，輸得一敗塗地，不能翻身。你可能曾經在感情上失敗過，不想再做失敗者，因為那種失敗的陰影彷彿會將人吞噬，也不是那麼容易重新再站起來，更遑論要再投入。又或者你看盡太多離離合合，印象中，感情大多沒有好結果，所以你更步步驚心，要步步為營。

但你又可知道若不冒險，可能錯過不少機會。朋友給你的鼓勵，往往成為你的壓力。很多時候，你的確處於兩難之間。

不敢冒險，於你而言，即或有許多可能性，但相信離不開心底裏的恐懼，你曾否接觸自己內在的恐懼？

- 恐怕一旦我提出，別人卻不回應自己的邀請；
- 恐怕遭人取笑；
- 恐怕再次受傷害。

看！主宰你的，再一次是你內心的羞恥感。

「被挑剔」的牢籠

再者，我擔心你逃不過成長中不斷「被挑剔」的牢籠。

有些人在成長中不斷被父母或師長挑剔，甚至遭嫌棄。不是你的完美主義，而是父母或師長的完美主義。完美主義接受不了差錯和瑕疵。生命太多不完美了，但事實是他們將內心對不完美世界的不安，加諸在孩子身上。他們並非感覺孩子不好，而是感覺「不夠好」。你一定聽過這些批評：

- 「你的成績不夠表姐的好。」
- 「你測驗只有八十分，仍然未達標。」
- 「你花了一小時寫生字，字體仍然不夠整齊。」
- 「你做的工作，賺錢不夠多。」
- 「你過往的男朋友不夠別人的男友出色。」

生命中的「不夠好」是致命一擊。

從此，你不但認為自己不夠好，也容易挑剔別人不夠好；好像考車時的考官，拿着評分表，逐項逐項，剔出錯處。結果你給人的印象總是挑挑剔剔，只會盯着別人的弱點或缺乏。

可憐的是，其實你最嫌棄自己。你曾經討厭自己，討厭自己如此行徑。主宰你的，仍是內心的羞恥感。

冒險，是一份愛自己的勇氣

寂寞，因為自我形象出了問題，感覺自己不好，或者不夠好。這感覺又令自己更寂寞。

沒有完美的人，你知道的。沒有完美的愛，只有夠好（good enough）的愛。由「接納」開始，先接納和欣賞自己，繼而是與你性格迥異的另一半，就會令自己變得夠好，令愛變得夠好。

請你先為自己做一次愛的功課，這裏有兩份：一份叫「接納」，另一份叫「欣賞」。總意就是「愛自己」。

「愛自己」先要認定一件事：夠好就是夠好（good enough is good enough）。你已經夠好，也是上天獨一無二的傑作。世上多你一個不多，但少你一個卻肯定少了。你身邊很多人都很愛你。

又請你欣賞自己，發現你在父母、兄弟姊妹、親人、同學、朋友、同事、其他新知舊雨，甚至萍水相逢的人身上，都曾經留下祝福，留下一點印記。你對他們已經夠好了。只是你太善忘，對自己要求太高了！

開展戀愛的一步，要學習接納和欣賞自己，試着：

- 寫下個人大小成就，不論有多微不足道；
- 寫下個人優點，甚或別人向你提過的；
- 寫下個人缺點，並着重它反映你的獨特個性，及有否改善空間；
- 將你的缺點向別人分享，看看他們有否跟你不一樣的看法。

請你相信，「失敗乃成功之母」，這句話絕不老套。

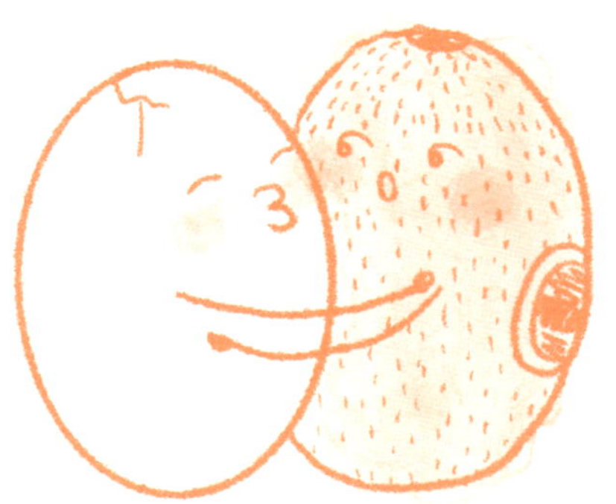

沒有完美的愛，

只有夠好（good enough）的愛。

由「接納」開始，先接納和欣賞自己，

繼而是與你性格迴異的另一半，

令愛變得夠好。

寂寞的人不是不信愛情，是不敢信

長久的寂寞感，令你改變了對戀愛的初衷，失去勇氣。Mi不是沒男人走近，但她處處迴避，因為受過傷。

受傷，會令你不再稀罕愛情，或者覺得愛情不屬於你。感情上屢戰屢敗的經驗，已經叫你感到疲乏，內心只感到一個字：「倦」。

當你看到電視劇、電影中的愛情場面，或是街上情侶一雙一對、卿卿我我之際，你會蔑視、冷眼旁觀，認為與己無關，甚至對自己說：「我才不稀罕！世上哪有真愛？」害怕被拒絕，就裝作漫不經意。

你不敢相信自己可以掌握愛、擁有愛。愛情對於你是多麼的奢侈！因為你覺得自己不似世上其他人，擁有那種福分去得到愛，命中註定要過「孤身走我路」的生活。

「幸福，實在離我太遙遠了！」你心中慨歎。

其實，你最苦的經驗並非沒有愛那麼簡單；最痛苦是——絕望，對愛情絕望、死心，再也提不起勇氣。當你對世間上的感情事感到失望，代表對人也感到失望，甚至可能對自己都感到失望。

失望，因為害怕

你為了不讓自己沉溺於這種苦楚，唯有叫自己麻木，希望解除內心的傷痛。你對愛失去信心，因為不再相信：

- 人世間的幸福有我一份。
- 我值得被人認真地愛。
- 我在別人眼中有價值。

其實，你在害怕，一直害怕。害怕什麼？

- 害怕再次失去。
- 害怕再次被拋棄。
- 害怕再被傷害。
- 害怕沒有人察覺自己存在。
- 害怕沒有人重視我。

「我不相信愛」這句話的另一個寫法是「請不要再傷害我」。問題不在於相信與否，而在於你如何面對內裏的恐懼與傷痛。

情願寂寞，因為受了傷

有個男孩子走來向我求救，黯然說：「我跟一個女生相識了一段時間，情投意合，我們一直約會，互相關懷。可是，我多次提出不如開始拍拖，她卻一直拒絕。我問她原因，她說放不低之前的情傷。」原來，「放不低」阻礙了一個人在戀愛路上前進。

如果你放不低舊愛，你可能會：

- 仍然收藏前度的相片在銀包或手機內，保留對方送給你的東西；
- 愛聽前度喜歡的歌，吃前度喜歡的食物；
- 常逛你們二人難忘的地方；
- 在社交網絡留意他的行蹤，或留意他 WhatsApp 的上線時間；
- 常向別人提起前度的優點；
- 經常對人提起前度的不是。

究竟為何放不低？

第一種放不低叫「懷緬」

懷緬是對舊情人或者對過去的關係和經歷念念不忘。前者是你認為舊愛對你有種特別的吸引力，或者對方曾經對你很好，難以忘記。後者是你已經不喜歡舊愛，你所懷念的，其實是一份經歷：昔日美好的時光，曾經發生過在二人身上既浪漫又難忘的經歷。

以上感覺很多時候發生在初戀的關係中。通常人對第一次的經驗特別深刻，對第一段感情投入最多，而第一次的經驗又比較容易滲透你的腦袋和神經。

更重要是，人往往對自己無法得到的東西有一種「得不到就偏要得到」的執著，尤其是初戀時的情感付出和對初戀情人的懷念，或多或少會埋藏在心靈深深處。要是獨個兒或重回舊地的時候，不管是甜蜜的或是痛苦的片段，可能會拿出來暗暗地回味一番，純粹為了追憶。其實，這種懷緬很自然。

不健康的懷緬是人經常將前度與現任比較，將現任看成前度的替身，其實他們深愛的仍然是以前那位。要是單身的，則或會對所有異性都看不上眼，總是不能發展關係。

有否想過，「前度」其實代表內心未被滿足的需要而已？

第二種放不低叫「懷怨」

懷怨也帶有少許懷緬成分，當中卻傷痕纍纍。他們痛恨前度的負心和拋棄，令自己變得一文不值，感到不甘心、不服氣。這種情況通常出現在被前度出賣，或有第三者的關係。**懷怨，其實是不能寬恕，不但無法寬恕別人，同時無法寬恕自己當時的無知和愚笨。**偶然一個人的時候，那份被出賣的怨憤會驟然浮現，很想對方知曉自己有多難受，想前度沒有好下場。

如此深深不忿的狀態阻礙人向前看。單身的，可能會對真愛抱懷疑，對異性不能信任。已相戀的，可能會對現任與前度稍微有相似的地方很敏感，不是經常拿出來指責，就是認定現任跟前度都一樣不濟，不能再相信任何承諾。與不健康的懷緬沒兩樣。有否想過，「前度」只不過再次觸碰內心一直存在的傷口？

從失戀中釋懷

釋懷與放下絕不容易。不能釋懷，因為曾經珍惜過。可是，珍惜未必一定能擁有，珍惜只是一份情，這份情是一種心靈的寄託而已。或者我們一起回到那份舊情的終點，重新認清。那一次的失戀是什麼？

失戀是一種悲哀，也是一種解脫。失戀的感覺很痛，但一直眷戀着你不應愛或不值得你愛的人，更痛。失戀可以是一把剪刀，讓你走出昔日愛的綑綁 —— 被不配做你伴侶的人支配你。從此你可以翻身，重獲自由，為自己能夠離開而驕傲。

失戀是一次失落，也是一次成長。失戀幫助自己告別天真和幼稚，也告別一時的糊塗。你可以從失敗中大徹大悟，再次認識自己，了解自己有什麼優點缺點、在「搞關係」方面的幼嫩，重整自己對愛的定義和要求，由天真走向理智，從無邏輯走向會思考。

失戀是即使失去舊愛，也不會失去自己。你可以為自己驕傲，原來昔日自己愛得如此認真和無私，原來自己還有力重新站起來。這時候，你像蛻變了的蝴蝶，展翼高飛。

失戀教你分清那個人和那段情。人已去，未必情已逝。失戀表面上是再沒有機會與自己所愛的人白頭到老。但你當時的付出和刻骨銘心的經歷是不用清洗的，它們是你感情世界裏面可保留的經驗財寶。你可以放低那個不值得你愛的人，但不用放棄那些美好回憶。

失戀讓你寬恕自己。很多時候，當你恨一個人，你恨的實在是他身上看見自己的某部分。當你恨他拋棄你，其實是恨自己不夠好，不比別人好。失戀，讓你有空間處理你的自我形象，從而接納自己、放過自己。

懷緬，可以放棄，而不用忘記（forfeit but not forget）。
懷怨，可以寬恕，也不用忘記（forgive but not forget）。

有關失戀的種種，我會在第 6 章繼續仔細分析。

接觸那道傷痕的勇氣

「傷痛」可塑造人，教人知道怎樣生存，學習逃避傷痛重演；可是有人卻漸漸學成了麻木，進一步變成失望與絕望。但請你明白，**人最大的痛苦，正是絕望。沒有其他東西比絕望更能使人放棄本身應有的名分、權利和福祉。**

你會說你很害怕！我明白。相信世界上沒有一個人，在愛的關係裏未曾受過傷，或許你的傷勢較重，所以良久都封閉自己。你要挽救自己，就要嘗試接觸那道傷痕，重新打開你的心，讓一顆心重新跳動起來；重新呼吸世間上愛的空氣、重新有感覺。當火種遇上氧氣，又可重燃。

不妨稍稍打開一扇門，一方面撫平自己內裏的傷口，另一方面窺探外面周遭實在仍是有情天地，自會看見一道曙光。

愛是一份上帝給人的贈品（free gift）。可是，我們往往因着昔日的傷害和傷痛，視它為內心的債（debt），令這免費的禮物變得奢侈，既價值不菲，亦遙不可及。有一天，你會相信，愛既是無價之寶，也是一份免費禮物。因為，得不到的那些事情，讓我們懂得放下；放不下的那些責任，使我們學會提起。不如重新開始。如何開始？

- 這一刻多哭幾趟。
- 找個稍為信任的人，分享內裏令你窒息的沉重，讓對方專心聆聽你、安慰你，或擁抱你。

有一天，你終會——

- 發現自己不太差，是有價值的。
- 認為當時的決定是正確的、無悔的。
- 可以向更多人分享你的故事和經歷。
- 有勇氣找回昔日傷害你的那個人，對他或她，說出多年已沉積於心底的感受，讓對方明白你多年的難堪，你便能釋放自己。
- 即使未能找回那個人，你可將他或她給你帶來的傷痛寫下來，作一些儀式（燒毀這些文字或有關物件），為了跟它們告別。

有一天，你會相信，

愛既是無價之寶，也是一份免費禮物。

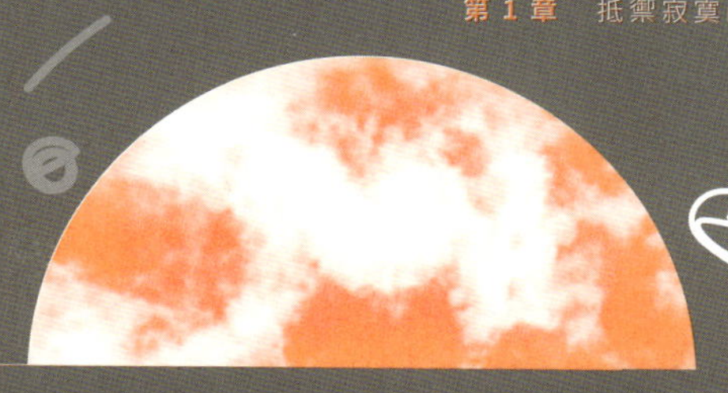

抵禦寂寞的勇氣：找回你的存在感

人生，是一個寂寞的旅程，意思是人生總要面對寂寞這個課題。

人出生是獨個兒而來，離開世界的一刻，也是獨個兒走。這個說法實在無奈。可是，人一生最精彩是生命中充滿着不同的關係。

面對寂寞的力量

精神分析學派的心理學家會說，人生存的目標是尋找他人（object-seeking），object 就是「他人」，用另一種講法，就是尋找「人與人之間的關係」。在尋找和建立關係之中，去認識自己，確立自己的存在意義。他們的假設，不只是「人與人是一面鏡」，更是從互動中產生化學作用。因此，從來不懂認真處理關係的人，生命會變得黯淡沒光彩，充滿着很多自我懷疑，或是對別人及世界的不滿。

英國著名精神分析學派心理學家威尼科特（Donald Winnicott）曾經討論過孤單與寂寞。他說，人面對寂寞需

要一份力量（capacity to be alone），也可以說是面對寂寞的勇氣。他認為，**解答寂寞的問題，並非指身邊有沒有人，也不是單身與否，乃是有關一份內在「面對寂寞的力量」。**

什麼是面對寂寞的力量？我會演繹為一種「存在感」。一個人對自己有一份充足的存在感，會有以下特徵：

- 覺得自己在世上有意義；
- 喜歡自己，或至少不會討厭自己；
- 知道自己總有一些價值。

這份存在感並不是一種自我陶醉或者自我滿足，而是自小在關係中（例如親子關係），在父母的眼裏，建立起以上這一些感覺。

例如，母親一直重視幼小孩子，努力明白他的需要，明白他的喜怒憂樂，視他為心中重要的一位。這樣孩子自然會有一份被需要、被重視的感覺，也就是存在感的建立。

放在成年人關係中，例如朋友未能立即回覆訊息，不會立即假設別人不理會自己；男友忘了重要日子，不會立即判定他完全不關心自己；別人不能徹底明白自己，不等於別人對你沒興趣……

寂寞時，想擁有一個「人」

寂寞時，表面上想有人在身邊。實際上，抵禦內心的寂寞，是靠一份內在抵禦力，知道自己並不孤單，並非不好，並非無價值。在心理學上，是感覺「心中有個人」，這個「人」大抵是一種無形的感覺，感覺別人會重視自己，自己有存在價值。那麼，他長大後，會更有能力去面對孤單寂寞，面對分離，面對跟別人的衝突。這就是 capacity to be alone，就是抵禦寂寞的勇氣。

從上觀之，我們不難明白寂寞不是有沒有人在身旁。有些人即使拍拖，即使結了婚，都會感到寂寞，可能因為他感到自己不被重視，不被明白。

寂寞是一種心理狀態，持久地影響着我們的自我形象、行為反應，及戀愛的決定。

寂寞時，我們不純粹要一個人在身邊，甚或擁有一個人，其實是需要「心中有個人」，就是一份自我肯定。原來，我們最需要的愛，是肯去愛自己。

精神分析學派心理學家、《愛的藝術》（*The Art of Loving*）作者弗洛姆（Erich Fromm）曾說：「矛盾地，抵禦寂寞的能力，正是有能力去愛的先決條件。」（Paradoxically, the ability to be alone is the condition for the ability to love.）

檢視你的存在感

你或會灰心，認為自己成長中一直不受重視。不錯，每個人都有自己的經歷。經歷不能改變，但內心的力量可以凝聚。

我現在邀請你檢視過去的關係，方法是檢視成長過程中，別人眼中的自己有多重要，他們有沒有興趣明白你、了解你。

1 至 10 分，看看你有多強的存在感。再反思，你的存在感主要在哪裏建立的。

記住，肯回顧，肯反思，就是儲蓄勇氣的開始。

在以下關係中，他們如何看你？

	童年	青少年	成年
同性關係	____分	____分	____分
異性關係	____分	____分	____分
母親關係	____分	____分	____分
父親關係	____分	____分	____分

用 1 至 10 分表達

世上最寂寞的鯨魚

1989 年，海洋研究員發現一頭很獨特的鬚鯨，他們給她起名叫愛麗絲。愛麗絲獨特之處是她從來沒有同伴，沒有朋友，沒同類理會，是一頭徹頭徹尾的寂寞鯨魚。自 1992 年開始，研究員開始對她進行錄音。不料，他們得到一個驚人發現，就是愛麗絲跟其他鯨魚有着非常大的差異，她發聲的頻率明顯地跟同類不同，一般鯨魚的頻率是 15 至 20 赫茲之間，而愛麗絲的頻率卻是高於 52 赫茲，她根本不能跟同類溝通，沒有其他鯨魚會「聽懂」她，牠們只有當她透明。她唯有孤獨地活着，成為世上最寂寞的鯨魚。

2010 年，奇蹟出現了。研究員在加州海岸探聽到有一羣混血鯨魚竟會發出接近 49 赫茲的高頻率。於是，研究員想了一個辦法。他們利用先進科技把愛麗絲的發聲竇內部結構切開，加寬直徑距離，改造她的發聲結構，能發出 48 至 50 赫茲的頻率。

最終，愛麗絲和這鯨魚羣在海中相遇，互相發出聲音。鯨魚羣首先團團地把她圍住，之後彼此碰觸，在無垠的海洋躍身擊浪，一起合奏海洋交響樂。

不要老是認定自己是個孤獨的人，沒人明白，沒人聆聽。或許，你只是未遇到賞識你的人；未認真地發現自己的獨特之處；尚未學懂如何發聲表達自己。要相信，地球的某處也許有人等待着你。

第 2 章

忍 耐 曖 昧 的 勇 氣

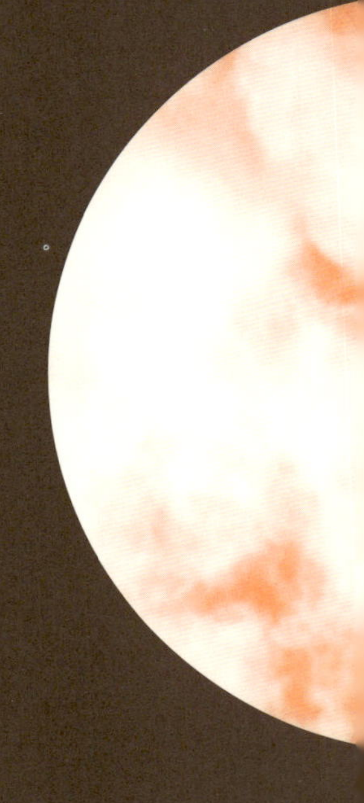

人生充滿不確定，曖昧是必經的。

曖昧中，人會變得慌張、不安、亂作選擇。

曖昧給你機會去等待、去醞釀、去選擇、去磨練自己。

原來一直尋找，正是似曾相識的一個人。

Leo 的曖昧之苦

Leo 未有拍拖經驗。一直以來，有些女生走近他，他都不敢行動，因為他不知道自己究竟喜歡怎樣的人？

今年，他在工作間認識了一位女同事。最初大家只是交換電話號碼，實際上甚少溝通；直至有次公司活動，才開始多一點聯絡。起初大家只談公事，漸漸地也多談私事，同時開始在彼此的 Facebook 和 Instagram 上互 like，互相留言。有一天，他開始問自己：我喜歡她嗎？我們有機會發展嗎？

一次這女生在 Leo 的 Instagram 上看到他原來家裏有私家車，突然叫他載她遊車河。Leo 很驚愕，沒想到她會主動約會他。驚愕歸驚愕，Leo 內心竟泛起點點驚喜，猜想對方可能對自己有意思。這一晚，他們一起出去，二人望着大海，細說公事、家事、童年往事和理想。最後大家談論起感情事，不料她跟 Leo 說，她已經有男朋友，而且剛剛開始幾個月，還未算穩定。Leo 這一刻開始感到困惑，這一切是什麼意思呢？

他們依舊幾乎每日 WhatsApp 通話，傾到凌晨，而且愈來愈投契。好景不常，從某一天開始，她對 Leo 說男友開始沒那麼忙，有時間陪伴她，漸漸也開始冷落 Leo，少了 WhatsApp 通話，少了在網上留言，彷彿消失於 Leo 的世界。Leo 開始感到失落，也怪自己自作多情，胡思亂想，自討苦吃。

曖昧的關係令 Leo 吃不消，思緒亂作一團：究竟她喜歡自己嗎？究竟她適合自己嗎？究竟自己應該表白嗎？如果沒表白，會後悔終生？如果表白時收了「好人卡」(「其實你真的很好，但是我們不適合」)，怎辦？如果表白，會否變成第三者？究竟如何表達？他沒勇氣。

想想自己，又想想對方。他開始不明白自己，更不明白對方。他詢問過很多朋友，意見莫衷一是，沒有結論。他叫自己不要想太多，又控制不了，愈想愈亂，沒心機工作，總是感到困擾。

他聽過人說，曖昧很浪漫，對他來說，浪漫不過一時，大部分時間卻很痛苦。

陶醉曖昧，也要敢於清醒

Leo 的故事反映了自作多情、一廂情願的痛苦。喜歡一個人沒有錯，錯就錯在喜歡一個不喜歡自己的人。

有時，曖昧或暗戀會給人帶來一種莫名的幸福和甜蜜感覺。但是，當曖昧或暗戀變成苦戀、單思和一廂情願之苦，很難受！而你有可能未留意清楚，就太快認定對方喜歡你。

自作多情的苦果

你一心以為他喜歡自己，釋出無限溫柔與善意，但一直不敢開口詢問對方。一天，他漸漸冷落你，掛上電話，沒回覆訊息，你快要急死了。最終你發現原來又是一場「襄王無夢，神女有心」。這是自作多情的苦果。

這一刻晴天霹靂，你大受打擊，感覺自己沒半點價值，好 cheap，同時感到被別人欺騙玩弄，苦惱地想質問對方：「為何你給我錯誤暗示？為何你不早對我說沒意思？」你從無限憧憬的高處重重墜落深谷，跌得很傷。

我同情你的遭遇。你的確是個善良的人，不應在關係中被傷害。但我仍然請你冷靜回想一下，他其實從未真正喜歡過你，或許對你只有一點好感：

或許你幻想太多 ——	現實可能是 ——
他讚你漂亮	他禮貌客套
他跟你多幾次目光接觸	巧合
他幫了你一點忙	他對一般人都很友善，或者視你為「妹妹」來照顧
他飯後替你結帳	他要展現男士風度
他跟你通電話至深夜	他缺少傾訴對象（大部分男性喜歡跟女性傾訴）
他向你透露一個小秘密	他以為你可信任，或視你為「兄弟」
他跟你發生肉體關係	他只求一刻肉體上的溫存
他非常明白你	他比較懂女人心，甚或他本身也有點女性特質

當然，有些男生初時確實曾經對女生有一點好感，還做了些令人誤會的事，只是相處下來或了解多了，這份好感又走了。他們為了給自己一個下台階，便乾脆說從未喜歡過。

幸福的錯覺

這種情況，可能出於一種幸福的錯覺。為何人有這種幸福錯覺呢？

- 太在意異性的好意與行動，並將自己對別人的好感無限膨脹起來；
- 怕錯失一段大好姻緣，所以產生一種希冀；
- 不滿現時的單身狀態，對拍拖或婚姻感到壓力；
- 把心底一直渴慕的白馬王子 / 白雪公主「形象」，投射到他人身上；
- 常常假設對方靦腆，不敢主動開口表白。

以上是大部分女孩子的錯覺。**但我想對你說，大部分男性很快能判斷自己是否喜歡一個人，而且如果遇到合適對象，會比較快、比較直接表達，展開攻勢。**

我不是勸你完全處於被動，你可以：

- 雖然滿有感情，儘量保持冷靜和理性；
- 多詢問並接納朋友的客觀意見；
- 不用心急，觀察多一些時間，日久會見人心；
- 檢視自己內心對親密關係的渴求；
- 面對自己對單身和孤單感的困苦；
- 未讓憧憬昇華至忘形前，不妨直接問對方，向對方表示。

勇敢面對「被拒絕」

這種近乎「被拋棄」的感覺不好受，不妨容讓自己哀哭一會，但最後請你走出來。

接納愛很主觀

當別人不選擇你，不代表你很差勁，也不用感到被玩弄、被出賣。你不用自怨自艾，加添苦毒。事情根本難分誰對誰錯。另外，信愛情也講時機（timing）。他現時不愛你，可能是時機不合，不用苦等。這正如中國人講的「緣分」。

處理內在需要

你需要他，因為你覺得他能夠帶給你快樂和幸福。這時請你檢視內心對幸福的渴求。你會發現自己其實在追尋「幸福」這件事，而非這個人。其實你可能未想清楚對方是否真正適合自己。倒不如想想追尋「幸福」對於你代表什麼？

遠離對方

你還是很想念對方，不時查看他的回覆、社交帳戶的動向等。如果你一時未能抽離，就不如直截了當地遠離他。你怕失去一個朋友，但他也可能很想暫時遠離你！何時再找對方？當你心情完全平復，感覺再不需要這個人，就是時候。

享受單身

接納及享受單身生活，擴闊自己的生活領域和圈子，想想人生還有什麼重要目標要達成。發展一些深厚的友誼，你會發現，朋友是人生最寶貴的資產。

轉化愛意

你確認這份愛只可以停在這階段，並將過去的情感好好封存於心底。愛對方而不一定要擁有對方，就默默地祝福對方。有一天，這種舉動會令你更體會愛的真諦，裝備你迎接將來的真命天子，一份更實在的感情。

很多時候，當人的內在需要一直不被滿足，就容易脫離現實。其實，能勇敢走出幻覺，正視現實，同時勇於嘗試又能面對「被拒絕」，正是成長的重要過程。人生就是遊走於理想和現實之間，徘徊於嘗試和失敗之間。

喜歡一個人沒有錯，
錯就錯在喜歡一個不喜歡自己的人。

友達以上，戀人未滿

前文一直談到很多尋覓、追求的課題。但是 Leo 的另一難題是，彼此間是友情還是愛情？「友達以上，戀人未滿」同樣是最令人鬱悶的難題。

「男人和女人之間是不存在友誼的。」法國大文豪《孤星淚》（*Les Misérables*）的作者雨果（Victor Hugo）曾如是說。

男女之間真的只有愛情或曖昧，而沒有友情嗎？我聽過很多人將友情和愛情混淆不清的悲慘故事。男女間曖昧日久，結果不是「神女有心，襄王無夢」而令神女傷心，就是雙方產生不必要的誤會，友誼終歸要結束。

奈何，男人和女人偏喜歡跟對方做好朋友。

男人愛跟女人做朋友

男人受着成長羣體和社會對男性形象的規範（norms）和薰陶，同性之間的友誼模式會傾向「活動性」、「討論性」和「競爭性」，例如一起學習、運動、比賽、工作或談論政治、經濟等，甚至喜歡自炫一番，很少分享較脆弱的感覺。

當男人與女人發展友誼，互動模式會偏向「女性化」，即比

較多一對一、面對面的談話，喜歡溝通，交換感覺和內心想法，容易獲得情感上的支持。這是男人從同性身上甚少得到的。有研究指出，男性認為異性友誼帶來的心靈滿足程度高於同性友誼。難怪不少男人遇上情感問題，往往想找個異性傾訴多於找同性。

女人喜歡跟男人做朋友

女人之間喜歡分享和討論內心的感受和看法，有時會變得非常感性和瑣碎，情緒起伏較大，令人疲倦；又因為女人在情感上較為敏感，容易產生誤會、產生紛爭和「搞小圈子」。

當女人面對一個較理性的男人，會加添了一點男子氣概，大可高談闊論、開玩笑或善意取笑而不用有戒心，相處比較輕鬆。女人又喜歡找男性朋友請教客觀意見，或者從他們那裏得到被保護的感覺。甚至有些女人會以了解深不可測的「男人心」為一種虛榮。

矜持和尷尬釀成誤會

他是個樂於助人的好男生。她是個純真的好女生。每當她遇上困難，他總會幫忙。考試臨近，他更犧牲自己的時間替她補習，希望一起升上大學。她心裏想：「他花時間在我身上，對我這麼好，可能喜歡我。」她便開始尋找兩人相同和登對之處，並將他的言行細節都詮釋成「喜歡我」的蛛絲馬跡。但礙於矜持，她一直不敢主動提出什麼。而他漸漸懷疑對方對自己有意思，可是礙於尷尬，不敢拒絕她的請求、慰問或小禮物。

直至一天，她發現他在街上拖着別的女生的手，即時感到晴天霹靂，更生氣地找他對質……原來一切都是個誤會。

勇敢面對，積極防範誤會

你可能想知道如何拿捏友情與愛情。其實，在雙方友誼未到一個心照不宣的地步，你可能需要多一點防範，以免產生誤會。

- 避免經常「煲電話粥」超過一小時（尤其在晚上）。
- 避免幾乎每天都在網上溝通、社交網站留言，寫窩心的話。
- 避免贈送容易令人「會錯意」的禮物，如鮮花、貼身用品。
- 避免親暱行為，如經常靠近拍照、飲同一杯飲品等。
- 避免單方面向別人宣揚你們關係密切，或經常在社交網站展示二人合照。
- 要避免經常二人相處、溫習、活動，最好邀請其他人加入。
- 不用每次幫忙都幫到底，最好避免單獨陪伴，也讓其他人參與。

- 結交更多可支持你的夥伴，有問題不一定只要找對方。
- 向對方清楚表達自己的戀愛要求和現時的感情狀態。

溝通立約

當雙方有一定的信任，可以彼此溝通及在關係上畫清界線，就可以視為一種立約。

- 雙方都必須誠實地、敞開心胸的談談彼此關係的階段和意義。
- 雙方協定大家的見面時間和身體界線。
- 雙方協定如何向其他朋友說明和解釋彼此的友誼或「兄妹」、「姊弟」關係。
- 向對方先說明，一旦一方真的動了情，可以不怕尷尬直接說出來，不用將自己當成「輸家」。大家還是好朋友。

如果異性知己戀上你

- 別生氣，明白和體諒對方不是有意冒犯你，他或她正在受情緒所困。
- 檢視為何自己不能接受這份「情」，是你不喜歡他或她，還是有過去的傷痛阻礙。
- 如果你真的不喜歡對方，就要：堅定！堅定代表你要儘快清楚表達你對他或她沒感覺，別拖延和猶疑不決；要忍受對方可能的哀傷、憤怒和攻擊；請其他朋友關心對方。

- 當然最好是大家可以冷靜下來彼此澄清，等待時間「療傷」。
- 如果對方行為激烈、咄咄逼人，你可能要無奈地放棄這段友誼，或轉為普通朋友。「退出」是為了「保護」他或她。

畫界線，令人愛得輕鬆。

打破愛的迷思

你或會問，Leo 一直猶豫不決，是否要求太高，要求太完美？又或會問，Leo 是否不清楚自己需要什麼，最終進退失據，反被牽制。

即使你認為自己並非完美主義者，要求並不太高。事實上，對將來對象有要求是正常事，而且總會帶點幻想和憧憬。很多人都定下擇偶條件，甚至有以下十大條件：

白馬王子十大條件

- 外表俊朗
- 身材高大（要比自己高）
- 專一 / 溫柔體貼
- 心智成熟 / 風趣幽默 / 有情趣
- 學歷高、知識廣博
- 事業有成 / 家底豐厚
- 興趣廣泛
- 喜歡自己的朋友
- 出身健康家庭
- 他父母家人對自己好

白雪公主十大條件

- 年輕貌美
- 身材好（但不可以比自己高）
- 沒有公主病
- 溫柔體貼、善解人意 / 有情趣
- 不嘮叨 / 明白事理
- 有愛心
- 有學歷和知識，又不會高於自己
- 容讓自己有充足個人空間 / 不會企圖改變男人
- 接受我的朋友
- 出身健康家庭

窈窕淑女，君子好逑。為何男人會想找年輕貌美的女性，而女人會想找有財有勢的男人？從進化心理學的角度，人類只會希望下一代更強更進步，會找合適的配偶去繁殖下一代。因此，看似實際，也是一種內在不自覺的進化演進。人會看外表、社會和經濟實力。

可是，我發現很多人都一味追求理想中的白馬王子 / 白雪公主，一直找不到這個理想中的 Mr. 或者 Ms. Right；又或者以為找到了一個完美的化身，可惜這只是表面，內裏卻是空心老倌，最終枉費心機。

「有條件」、「有要求」沒有問題，問題在於童話式的要求和幻想，只不過在滿足你對戀愛（或婚姻）的假設和理解，但這可能是錯誤的。

幻想，源於虛浮的假設

很多男性喜歡「性感尤物」，而女性會「男人不壞，女人不愛」，兩者都反映人希望向難度挑戰，要征服夢想中的男神女神，其實這是一種虛榮，想證明自己的實力與吸引力。

他們可能認為戀愛是：

- 可以滿足我所有的需要。
- 解決我所有問題。
- 可改善我現時的生活狀況。
- 幫助我擺脫憂傷重拾快樂。
- 幫我擺脫一直令我痛苦的家庭（如父母）。
- 是我人生的全部。
- 是我生命的答案，nothing more, nothing else！

如果你確實存着如此的虛浮假設或遐想，對不起，你的幻想一天終會破滅。現實是，戀愛未必可以解答你所有問題，更不一定令你完全快樂無憂；反而可能徒添煩惱，不但未助你走出家庭的綑綁，反而家庭積累的問題更牢牢困着你。

我看過不少滿懷不切實際希冀的人，一次失敗之後，立即再尋覓新機會，沒有停下來，因為內心需要一直無法滿足；另一極端，是一次失敗，就放棄所有機會。

勇於定下合理的假設

了解自己對戀愛的假設過程，可以發現自己的思維如何發展出來。正如上文說，當人的內在需要一直不被滿足，就容易脫離現實。例如你可能來自不愉快的家庭，可能從未經驗、投入真摯的人際關係，可能無從尋求快樂等。虛浮的假設來自成長中遺留下的疤痕。戀愛不是即時去疤膏藥，而是給你養分去增強抗逆力和抵抗力，去愛、去面對成長的種種課題。

請你重設你的假設：

- 戀愛不能滿足我所有需要，但可以令我更清楚自己的需要。
- 戀愛不能解決我所有問題，但給我力量去面對問題。
- 戀愛不能改善我現時的生活狀況，但可以二人一起走下去。
- 戀愛讓我無論在憂傷或快樂時，都有人分享。
- 戀愛幫我面對原生家庭對自己的影響，甚至一天能超越那些負面影響。

戀愛的目的是「成長」，不是一拍拖，找個愛侶，問題便得解決。戀愛只會讓你在關係中更多自我發現，學習犧牲與付出，克服成長中遺留下來的問題。

故此**尋找愛侶時，要分清什麼是你的需要（needs），什麼是你想要的（wants）**。成長中，你需要的白馬王子或白雪公主是誰？是一個有勇氣、敢承擔，願意鼓勵你、支持你，陪你一起成長的人。

尋找愛侶時，
分清什麼是你的需要（needs），
什麼是你想要的（wants）。

知道自己想要什麼人

一路讀來，你可能開始發現，原來人內心有些內在情感需要，在成長中未獲滿足，致使要在戀愛中尋求。你真想知道，究竟怎樣的人才適合自己。

但是，世上有些人以為清楚知道自己想要什麼，可能根本就不是真正知道。又有些人口說沒什麼特定條件，原來心底寫滿條件。

A：「我很想拍拖啊！」
B：「那麼，你需要怎樣的人做男朋友（或女朋友）？」
A：「一個普普通通的人便夠！」
B：「真的普普通通就夠嗎？」

或許當你問清楚自己，就發現不是要求普普通通吧！你並非口不對心，只是不曾認真想過這個問題，所以不清楚自己需要什麼。

兩類不知道自己需要的人

不要驚訝！很多人都是如此。他們大致分兩類：

第一種人：迷迷茫茫

有位男孩子向我說，他對很多人和事都不太感興趣。他從來沒有投入過做一件事，生活就是平平淡淡地過。他也沒有認真地投入過一段關係，更沒有一位知心朋友，所有朋友都是泛泛之交而已。

這種人的生活乏味，看身邊的人都是千人一面，沒有分別，沒有特別。**他們沒有想過如何與人深入交往，既不曾為他人打開心扉，也不會進入別人的內心世界，一切留於表面。**關係和生命變得迷茫和空洞。如果感情是人與人內在生命的交匯和交流，這不是他那杯茶。所以，他說不出喜歡什麼人。

第二種人：逛逛看看

這是逛櫥窗（window shopping）的行為。拍拖戀愛對他們是一種消費，異性是一件商品。未拍過拖的人，會出於好奇。拍拖是目的，情人卻不是目的。

基本上，任何外表稍為可以的異性，都可以列入他們的名單之內，接觸一個又一個，追求一個又一個，看看誰會容易到手。一旦失敗，未經消化，又立即找尋另一個新機會。**美其名以實踐去了解自己所需（knowing by doing），實在可能在感情路上遍體鱗傷，甚至被人冠以「花花公子」或「水性楊花」的惡名。**

以上兩者，都難有好收場。他們的共通點是沒認真地去認識自己，發現自己，更不用說已經「長大」。

你知道嗎？很多感情出問題的情侶，往往不是外表已經不再吸引，或對對方失去興趣，而是彼此心靈距離愈來愈遠。心靈的距離正是指以上的路標。

外表老去可以再修飾，性格不同可以磨合，但人內在的核心價值和思維才是導航燈，這些東西是不容易隨時日逝去的。它們指引生命的路，將人心靈緊緊連繫，一起走人生的路途。

很多人說戀愛屬於成熟的人，因為成熟的人才思考這些問題。難怪戀愛需要深層的溝通交往，只有透過深層的溝通交往才會發現對方與你或近或遠。

清楚自己需要的起點，就是敢於了解自己

你想要成長嗎？究竟自己需要什麼？要列出一個擇偶條件的清單嗎？

清楚自己需要的起點，就是敢於了解自己。為什麼說「敢於」呢？有些人純粹無知，長不大；有些人生活很忙，覺得認識自己費時失事；有些人骨子裏就不想看見自己真正一面

（不亮麗的一面），真心地、徹底地認識自己，接受自己。

以下是一些指引：

如果愛情是你的信仰，你要先了解自己所信的是什麼，做人的信念是什麼，否則就會變成迷信愛情。信念包括：

- 人生觀
- 人生目標
- 生命中最重要的東西
- 愛情觀

人生觀，指對人生的看法，也就是對於人類存在的目的、價值和意義的看法，例如：

- 吃喝玩樂又一生。
- 一生要服務他人。
- 有成就，人生自然精彩。
- 平平淡淡過一生。
- 我可以掌握命運。
- 生命由上帝主宰。

以上人生觀會引伸出個人的人生目標（長期、短期），及生命中最重要的東西。

愛情觀，是人對愛情的根本看法和態度，包括：什麼是愛情、愛情的本質、愛情在生命中的位置，及與自己的關係，同時反映着其人生觀，例如：

- 拍拖的終點是結婚。
- 戀愛要找自己喜歡的人，結婚要找喜歡自己的人。
- 愛要愛得激情。
- 平平淡淡才是珍貴。
- 世間沒有天長地久的愛。
- 男人不壞，女人不愛。

如果你說自己從沒有想過以上問題，大抵你不太了解自己，更難找合適對象。

現在，請你問問自己以下問題：

- 人生觀是什麼？
- 人生目標是什麼？
- 生命中最重要的東西是什麼？
- 愛情觀是什麼？

很多人說戀愛屬於成熟的人，
因為成熟的人才思考這些問題。
難怪戀愛需要深層的溝通交往，
只有透過深層的溝通交往才會發現對方與你或近或遠。

尋覓愛侶時的神秘化學作用

在尋覓愛侶時，究竟我們是有意識還是無意識的呢？還是一切隨緣，彷彿我們不用思考，驀然回首，那人就會在燈火闌珊處呢？

精神分析學給我們另一種解釋，提醒我們需要在情感上成長。

尋覓愛侶是一種潛意識行為

精神分析學始祖弗洛依德（Sigmund Freud）提出一個說法，叫「認同作用」（Identification）。認同作用是一種心理過程。過程中，人會潛意識地模仿或追求有些自己喜歡、欣賞或渴想的人的一些面貌。例如，一個小孩子愛戴自己的父親，就會不自覺地學習父親的行徑或衣着打扮。這種做法，在潛意識中，彷彿令自己已經親近，甚至擁有這個人。可以說，認同作用是一種情感的依附。

這裏要澄清，認同作用完全是「潛意識」的行為，不包括那些有意識的刻意模仿。人對父母的認同作用，不自覺地以父母為個人的榜樣，加以模仿，而且影響自己的擇偶方向，就是指向父母的形象。擁有這形象，彷彿擁有了喜歡的父親或母親一樣。

進一個層次，有些人要認同的地方未必必然是父母「實際的」形象或性格特徵，也可能是人「渴望的」父母所擁有的特徵。例如，沒有溫柔的母親，便渴想有一個溫柔的母親，選擇對象時，會選一個賢良淑德的女人。又例如，一個人的父親非常情緒化，她會選擇一個情緒較穩定的男人作對象。

原來一直尋找，正是一個似曾相識的人。

尋找理想化的心靈需要

精神分析學派也主張另一個理論，叫「理想化的對象」(ideal mate)。這理論近似以上的父母形象理論，說明人會潛意識地尋找一個人，主要根據自己一些童年經驗和渴望。例如，小孩子曾經遇上一個很欣賞的老師，老師對他呵護有加。長大後，他便會希望找到像那位老師形象的人。因為那人能夠滿足他內心一些需要和渴求，例如被關懷，被明白等。

那麼，那人正在追尋一種「形象」，而並非一個「人」。那些形象都可能是投射出來的。

尋覓，原是勇於自我發現

這樣說來，好像很無奈。人原來只是尋找一種失去或得不到的「感覺」。

非也！一個不認識自己的人，的確可能受着過去成長的問題和狀況影響，根本沒法認清自己需要什麼，只受一份「幻想」支配着。你以為自己有選擇，原來自己沒有去選擇。

但一個人如果能認識自己的過去，了解自己的渴望源頭，便會清醒起來，知道自己真正需要什麼，調校自己，選擇更適合自己的人。從潛意識走向有意識。

尋覓，是自我修正的過程

我認識一位女孩子，她的父親非常情緒化，而她自小情緒極受父親困擾，也影響自我形象，認定自己總是不夠好。她尋找的第一個對象是個很受女生歡迎的男孩子，可是這男孩玩世不恭，最後把她遺棄，令她大受打擊。後來她發現自己之所以找個高質素的人，因為要提高自我價值。

於是，她尋找第二個對象時，要找個情緒極穩定的人，跟父親剛好相反。可是，那男生卻不太成熟，她感覺自己像在「湊仔」，並非自己所愛。這次，她主動提出分手。

經過兩次失敗經歷，她長大了，也比較知道自己需要什麼。她最後選擇了一個外表平庸，但性格成熟，最重要是個肯明白她，肯傾聽她的人。

尋覓是個過程，也是一次自我發現，自我修正的過程。

勇敢去表白

曖昧，花了你很多內內外外的心思，何不採取實際行動呢？突破曖昧，需要表白和澄清。

表白之難，不只在於開口說什麼，卻在於應否開口？何時開口？ Leo 害怕表白，因為他不確定，又害怕失敗。

有一位男生在公司遇上一個初入職又樣子甜美的女同事。他對她產生好感，開始接近她，常常跟她攀談。不久，他發現愈來愈多男同事向她展開攻勢。他心想：「我真的要先下手為強，儘快向她表白，試試她的反應也無妨。」於是，他立即自製一張心意卡，買了一束花，就向她表白。結果，不但無功而回，也失去這個朋友。

不錯，表白是一個很重要的步驟，但不是一件容易拿捏得準的事情。很多人為表白而表白，沒有認真預備，最終「賠了夫人又折兵」。

關於表白，你或許有以下一些疑問：

- 何時表白最合適？
- 如何表白最合適？

- 女孩子向男孩子表白，會否令對方感覺自己太主動，不夠矜持？
- 如果向對方表白後，對方沒反應，怎辦？
- 如果向對方表白後，對方拒絕我，怎辦？
- 失敗後，還可以再表白多一次嗎？

我們不妨想想表白這件事。

表白前，先向自己發問：

① 你的人生正追求什麼？

② 你對對方認識多少？

③ 你喜歡對方什麼？對方為何適合你？

④ 你如何評價現時彼此了解的深度、關係與溝通？

⑤ 你有勇氣向對方說明以上四道問題的發現？

⑥ 你有勇氣面對失敗或遭拒絕嗎？是你看不起自己？還是怕對方，甚至怕朋輩看不起自己？

⑦ 如果失敗了，你有勇氣去了解自己的感受，並檢討問題，反省未能成功的原因嗎？

⑧ 表白後，若對方不喜歡自己，會否往後連朋友也失去了？

問題①-③　反映你對自己和對方的慎重；
問題④　反映你對關係的尊重；
問題⑤　反映你重視溝通和相處；
問題⑥-⑧　表現你是個願意成長的人，
願意面對自己的自卑和自負。

以上都是一個自我了解的過程。有經歷和成熟的人會比較明白，或也曾體驗過。

以下，我們又一起看看一些**表白須知**吧：

表白的信息

很多人以為這是一篇「對白」。其實這是展現你的動機。你要預備回答：「我喜歡（仰慕）你，因為……」

這個「因為」，對一些人來說是世上最難回答的問題。很多人對我說：「只覺得喜歡他或她，而說不出喜歡什麼。」可能，一般人在愛情上傾向用感覺多於頭腦。

不要輕忽你愛慕他或她的原因，對方是樂意知道的。這表明你的愛意，同時表明你的誠意與尊重。

表白的時機

很多人只着重製造浪漫的時刻，而忽略了「等待」。等待讓你有足夠時間去醞釀和累積關係的基礎、有根基的愛意、有承擔的勇氣。

表白的方式

直接表達

向對方說明「我喜歡／傾慕你，因為……」最好不要單用文字或電話短訊，對方想聽你的聲音，更想與你對話。

間接表達

透過別人的明查暗訪及旁敲側擊，讓對方漸漸接收到你的信息。

象徵表達

以禮物或信物，例如玫瑰花、巧克力、相片，表明你對他或她的愛慕之情。

無論是間接或象徵表達都是表達的媒介，而不是表達的信息。**信息，不單是你想講的內容，而是你整個人，包括你的為人和態度。**你要對方接受「你」，而非你的表白能力和技巧。你有沒有誠意，其實對方很容易看穿！

表白錦囊：預備、預備和預備

做個怎麼樣的人（包括自己的性格、喜好、內在感覺）；

對對方全面的認識（性格、喜好、對自己的感覺）；

失敗；即使失敗，不要太快下判斷，認定是自己或別人的錯失；即使不能成為情侶，以後還可以做朋友。

表白是戀愛的一個重要階段

表白並非確認對方是否喜歡自己的程序，或者一段感情的啟動（start）按鈕。我不妨跟你說實話，要是對方喜歡你，想跟你在一起，不論你有否表白或如何表白，他或她總會喜歡你。要是對方根本不喜歡你，或對你沒半點好感，表白並非魔法，不能教人回心轉意。究竟表白是什麼？

表白是——**一個撫心自問、重新檢視自我的機會**，也是關係的一個階段，由認識到更認識。

表白是——**在曖昧階段洞察自己內心世界的時機**，細心觀察對方外在內在，及彼此開始接觸和交往的過程。這個過程考驗你與人基本的相處和溝通能力。

表白是 —— 讓對方真實地認識你，也考驗你可以向對方展現怎樣的你，關乎你如何面對自己、對方、關係和生命成長。

要對方知道你有多愛他或她，不是透過一番表白的話，是你的行動和動機。一切一切，反映你對感情有多認真。對感情認真的人，別人才會對你認真。一個對你不認真的人，你也不稀罕吧！

表白關乎你的態度 ——
經得起考驗，有能力去承擔去愛人。

敢於展示真面目

關於追求，大家都有一個疑問，究竟要包裝自己，還是以真面目示人？

大抵每個人都是如此。當見到心儀對象，就想吸引對方注意，希望對方對自己產生好感，用盡千方百計去奪取芳心，或覓得情郎。

- 男孩子表現更體貼、細心與呵護，送花送禮物，做「觀音兵」。女孩子會比平時更溫柔、矜持，做「跟得夫人」。
- 自我介紹時，會誇大自己的優點與長處，對自己的缺點隻字不提，或者將缺點說成是優點。
- 展露比平時更多的笑容。
- 比平時扮更多的鬼臉、裝可愛。
- 故作風趣幽默，常常說笑，甚至有時拿對方作善意的話柄、笑柄，引起注意。
- 故意在對方出沒的時間和地點「不經意」出現，製造「巧合」和「緣分」。
- 牢牢記住對方的生活細節、日程及重要日子，並讓對方知道你記得。

- 常常表示跟對方的喜好、興趣相近，暗示大家很登對。
- 經常接觸對方的目光，令對方感到被注視。
- 常常故作不經意地輕輕觸碰對方的身體，或過路時輕挽對方的手臂。
- 大合照時，往往緊靠對方身旁，甚至常常主動提出拍雙人合照，並在社交網站展示，彷彿宣示主權。

從某程度來說，博取別人歡心，並無不妥。但你有否想到，如果你只會表現「美化了」的一面，單靠「包裝」去「硬銷」自己，不能坦誠相待，可能令關係失真、產生誤會或錯配問題。

面具背後

聽過很多例子，女孩子拍拖後發現男朋友不再似初相識時細心體貼；男孩子拍拖後發現女朋友原來是野蠻女友。一旦發現，彼此的互信日漸下降，隨之引起更多埋怨和猜疑。

原來故意「包裝」自己，「硬銷」自己，換來的可能是短暫和不持久的感情。如果人只會模糊自己的模樣，對方日後終會發現你華而不實，貨不對辦，真面目更容易被揭破。

人一直躲在面具背後，不敢以真面目示人，因為缺乏自信，認為自己可能配不上別人。換句話說，就是沒有勇氣面對真實的自己。

推銷自己，因為失去信心；愈失去信心，愈要推銷自己。

與其包裝自己，不如認識對方

追求就是「被認識」，所以追求過程的重點不是推銷自己。

被認識的過程本身就是一種幸福和愉快，因為每個人都希望別人認識自己，明白自己，以至愛惜自己。

被認識，是一個連結（connect）的過程，將你的心靈逐漸連繫上另一個人的生命。

被認識之前，你要問自己有什麼可以讓人全面地認識：

- **個人：**優點、缺點、喜好、厭惡、性格、習慣、生活風格。
- **家庭：**成員、彼此關係、你對他們的看法。
- **友伴：**不同感情程度的朋友、你對他們的相處和看法。
- **思想：**對事物、時事的看法。

- **將來：**目標、夢想。
- **愛意：**對方的為人、地位及行為在你心中的看法。
- **價值：**信仰、時間、金錢、道德觀念。

這是一個 360 度的自我「介紹」。所以，當你準備追求一個人時，你問問自己究竟花了多少時間跟對方傾談溝通。還是純粹花盡時間去包裝自己？製造浪漫？

追求是改善的動力

過程中，當你感到自己猶有不及，發現自己的不足和缺乏，或跟對方有不同時，就是自我改善的好機遇。藉這機遇，鼓勵自己改善一番。

如果你一向不修邊幅，請你修整一下吧！
如果你一向不懂溫柔，請你學習一下吧！
如果你一向太依賴，請你學習獨立一下吧！

獻殷勤沒問題，重要是，你要有自知之明，並有肯為對方犧牲的動機、改變的動力。

你不是一件待推銷的商品，而是一個他或她面前，同樣軟弱的個體，等待被了解和接納，及自我改善。

貴乎真誠

在這個自我發現和自我表白的過程中，能坦誠地向對方揭示自己，好處是：

- 在正式拍拖前，對對方已經頗熟悉，拍拖後的摩擦會較少；
- 如果對方有點意思，也會向你開放，雙方逐漸進入二人世界裏。

有關追求 ——

- 不是面試，是一種相處。
- 不是展示實力，是自我檢討。
- 不單是與對方相處，也是與自己相處。
- 不是歪曲或委曲自己，是做回自己，又願意改善自己。
- 是……問對方「你愛我嗎？」之前，先問「我是誰？」「我對你有什麼意義？」「我值得你愛我嗎？」

最真誠的你，
才是你最美麗吸引的一面。

忍耐曖昧的勇氣：不因誤會而結合

很多人說：「愛情是盲目的」，他們相信可以閉上雙眼，單憑直感（或感覺）去尋愛、談愛。一見鍾情最浪漫。

一見鍾情就是兩個陌生人相遇，給對方的外形和氣質深深吸引，產生迷戀和浪漫的感覺，甘願將自己的心交給對方。或許你也相信世上有「一見鍾情」這回事，或會刻意追求這種感覺，以為這是暈眩、浪漫、神秘、刺激、新鮮，有種可以擺脫現實和責任的感覺。這種感覺彷彿說明自己是世上最幸福又最幸運的人，為平淡的生活或感情加添濃厚的味道。

戀愛激素

心生愛慕的感覺受一種叫「催產素」（oxytocin）的腦部分泌激素影響，這種「愛情激素」催使人，一旦看見傾慕的人就感到快慰滿足，產生一見鍾情的感覺。腦部功能影像學的研究顯示，墮入愛河的男女，腦部對催產素和血管加壓素（vasopressin）作出反應的區域最活躍，這兩種激素會加速腦部「獎賞系統」特定區域的反應，並減慢作出否定判斷系統的活動，同時增強對對方的信任度。這解釋了「情人眼裏出西施」的現象，說明愛情為何會沖昏人的頭腦。

曖昧之難以承受，是因為那份情感的快慰催迫着我們（不得不加快行動），干擾着我們（不能集中精神）。

愛慕與追求是一種「情感投射」

人是否只受生理激素支配，完全失去自我選擇權？當然不是。那麼，為何人有時會有一種「一見如故」、「似曾相識」的感覺，首選「形似舊愛」的人？我們可以透過心理學嘗試進入心靈世界，發現一些更深層的戀愛意義。

原來抱一見鍾情或靠感覺主導愛情的人，不但對戀愛抱着一種浪漫的憧憬，而且是個人心目中的「完美形象」的投射。這投射很可能是一種個人心靈上的彌補。有關這一點，就像前文提過的「認同作用」。弗洛依德（Sigmund Freud）曾說：「若將孩子吸吮母親乳房的行為視作一切情愛關係的起始，的確也不無道理。而尋找性對象在某種意義而言，其實就是在找回熟悉的感覺。」

弗洛依德的徒弟，精神分析學派心理學家卡爾・榮格（Carol Jung, 1875-1961）給我們更深入的分析解說。

男性在潛意識底下其實存在着部分女性特質，稱之為阿妮瑪（Anima）。每個男人的阿妮瑪集合他認為女性所有最好的特點，當遇上像自己的阿妮瑪的女性時，便會強烈地感受到一份難以抗拒的吸引力。

而女性在潛意識底下會存在男性特質，稱之為阿妮瑪斯（Animus），催使女人盲目地迷戀跟自己阿妮瑪斯氣質相近的男人。

換言之，陷入一見鍾情的男女，實際上不是被對方表面的特質所吸引，而是因着自己身上的異性性格投射到對方身上，所繪出一個充滿幻想的形象，從而產生愛慕之情；並且將那一丁點特質或優點無限放大，甚至遮蓋其缺點。這也許解釋了為何愛情是盲目的。

這份「幻想」可能出於：

- 對自己完美形象、氣質或能力的渴想與追求。
- 對父、母的完美形象和愛護（特別是童年時）的渴想與追求。
- 對別人的呵護、照顧、憐惜或保護的渴想與追求。

另一精神分析學家雅各・拉岡（Jacque Lacan, 1901-1981）說：「我愛你，但你不是你，你不過是我所不知道的我的欠缺而已。」

「幻想」源於「缺乏」，「缺乏」便需要「彌補」。

存在感與情感衝動

上一章提到「存在感」問題影響我們對愛的追尋。缺乏存在感的人，往往在成長中缺乏他人（例如父母）的關愛和重視。他們在情感上會容易走向兩極：過分追求情感滿足和別人的陪伴，或者是，抑壓情感需要，但內裏很想獲取他人關

懷。兩者一旦遇上心儀的人，便會如洪水缺堤，一發不可收拾，情感極為衝動。

曖昧或追求階段，就是給你機會去等待、去醞釀、去選擇、去磨練自己，全為了令你一步一步成長，走出昔日影響你的情感缺陷。

記緊：等候，這是愛情的先決條件。即使有一見鍾情這回事，也不可能一開始便展開戀情。兩人邂逅後，要等待心與心的交流，一步一步將關係建築起來。

認清自己的成長需要

這種戀愛的感覺包含了生理上產生的一種物質，及心理上產生的依附感覺，你和我都渴求擁有它。只是，我們應該怎樣平衡？

我們需要勇敢地抗衡情感衝動，就是**認清自己所需和成長中的缺乏，免得被純粹的直覺沖昏頭腦，判斷錯誤**。有時候，

特別是男性，格外容易受異性的外表或外在條件所吸引，從而陷入一見鍾情的地步。

觀察自己

若然你發現自己對他人一見鍾情，請你加強你的觀察力。觀察和思考，會令你的感覺更實在、更深厚、更成熟，情理兼備。以下是一些具體建議：

- 當你遇上心儀的對象時，你的生理反應如何？如心跳、體溫、四肢、性器官等。
- 當你遇上心儀的對象時，你的心理反應如何？如滿足、興奮、猶疑、害羞等。
- 當你離開對方後，仍時時想起他嗎？又有何反應？

以上反應，可能反映着你對他或她的好感有多強？更重要是，這反映你內心一份怎樣的需要？保護、肯定、虛榮？

觀察對方

除了對方的外表和行動表現外，你有想過觀察以下情況嗎？

- **對方要好的朋友：**所謂物以類聚，他們有着相近的氣質、品格、喜好和價值觀。
- **對方如何對待父母：**有人說選丈夫要選孝順仔，或許基於這個道理。此外，對待父母反映對方如何看待親密關係；而且說不定，你會發現可能你帶有對方父或母的氣質或影子，不少人傾向選擇與自己父母氣質相似的異性。另一方面，你觀察對方的父母，也可能了解其為人。二、三十年後，他或她有機會長成其父母的形象。
- **對方的家居：**不但要了解對方是否愛整潔，而且了解他的喜好品味。有人說，看一個人書架上收藏的書，就能「讀」一個人。

了解父母與內在需要的關係

前文一直強調我們擇偶或戀愛行為會受父母影響。以下是個自我檢視練習。請你回想自己孩童時期，喜歡和討厭父親和母親（或你的主要照顧者）什麼性格特質（他們平時及處於焦慮時的表現），儘量寫下，例如：平易近人、暴躁；輕鬆、沉默寡言；懶洋洋、焦急等。

你再從這些字眼中，選取你覺得與自己相似的地方。再者，你又看看當你擇偶時，會否考慮選取或抗拒這些特質。你會有什麼感覺？

	母親	父親
你喜歡的特質		
你討厭的特質		

當你發覺自己已經情不自禁時，不妨去洗洗臉或獨處一下，勿讓愛情激素沖昏頭腦；或者通知你的好友去阻止你一時衝動。

下一個你愛上的人

有一個男生因為車禍導致失明，之後他結交了一個女朋友，卻從未見過女友的容貌。那年，女朋友得了絕症，臨終前她表示願意在死後把眼角膜捐給這男生。

當男生重見光明後，第一件事就是找女朋友的照片，希望認清她的相貌。他從女友的遺物中找到她留給自己的一封信，信裏有一張空白的照片，背後寫上一句祝福的話：「別再想我長怎樣！下一個你愛上的人，就是我的模樣。」

愛情是，或會一直在尋找你曾憧憬着、嚮往着、尋覓着、缺乏着的人的特質，彷彿食髓知味，似曾相識。

第 3 章

拒絕佔有的勇氣

愛你，所以想擁有你。

愛是釋放，佔有卻是抓緊和依賴。

愛是付出，佔有卻是害怕失去。

當愛變成佔有，你只愛自己一個。

阿欣的霸道男友

阿欣跟男友拍拖一年。男友比她年紀大五年。男友條件很好，有穩定的事業，有車有樓，更重要是，他對這段感情非常認真。阿欣初時感到自己很幸福。

他們愈走愈近，幾乎日日見面。男友管接管送，又走進她的朋友圈子，一起參加活動，雙方也經常見家人。漸漸地，阿欣開始感到有點壓力。可是，她覺得自己已經很幸福，不應埋怨什麼。

阿欣有種感覺，就是男友彷彿不需要私人空間，沒有自己的圈子，他的世界就只有她一個，甚至將她的事務都放大。例如，阿欣有時因為一些無心快語不小心刺激到男友，他的心情就大受影響，不高興上幾天。她覺得，男人之中，他算是個情緒非常敏感的人。

加上，男友常常要阿欣將他們的合照放上 Instagram，將他們的關係和做過的事都公諸於世；又要查看阿欣的電話，要她立即回覆訊息等。彷彿，男友希望阿欣無時無刻都給他

100% 關注度，將他當成全世界、全宇宙。這樣令阿欣感覺很累。

阿欣很喜歡約會朋友，因為男友的緣故，已經減少見朋友的機會，好像拍拖令她失去友誼。她感到自己的世界愈收愈狹窄，有種被牢牢地囚住的感覺。

阿欣雖是喜歡他，也知道他對她無微不至，但的確感到透不到氣。得到感情，卻又犧牲了很多。她感到很疲倦，很想放棄。

一次從男友的好友口中得知，原來男友之前的一段感情出現第三者，令他缺乏安全感，佔有慾變得很強。阿欣反問自己：既然明白男友的經歷，是否應該遷就他？是否應該更珍惜？是否自己太自私？如果放棄，會否難找另一個好對象？

她沒勇氣去正視他，正視問題。

當愛變成佔有

明顯地，阿欣的男友充滿佔有慾，令她透不過氣。矛盾是，既然愛一個人，就想擁有對方，想據為己有。有何不妥？

這正是一個感情的矛盾，既要執著，又要放手。這一章，我們要研究感情裏，如何收如何放，如何進如何退。勇敢地，即使不去佔有，仍然有份安全感。

這裏有個非正式的心理測驗，讓你反思自己的愛情觀：面對情人，你會有以下要求或反應嗎？

- 如果情人忘了我的生日，我會很不開心。
- 重要的節日，包括我們的生日、平安夜、元旦、情人節、周年紀念等，我要與情人在一起。
- 除非有合理理由，否則情人一定要儘快回覆我的電話。
- 如果有什麼重要的事情發生在情人身上，即使沒有問我意見，我也要第一個知道。
- 情人要將我們的情侶關係公諸於世。
- 如果情人 Facebook 的感情狀況不是「戀愛中」而是「單身」，或「一言難盡」，我會發怒。
- 我不想情人去見前度。
- 如果情人迷上了某人，我有權知道。

- 如果情人和某人有親密關係，只要不涉及性關係，我還是可以接受的。
- 如果情人和某人發生性關係，只要沒愛上對方，我還是可以接受的。
- 如果我和某人共度一個美好的夜晚，而這可能會激發情人的醋意，我不會告訴對方。

（轉載自《明周》2013年5月11日，引用香港大學學者江紹祺博士資料）

以上的問題，如果你大部分都回答「是」，你可能會認同「愛是佔有」。

愛是貪婪

你或會問我：「在關係中，他或她不是本應屬於我的嗎？」但我請你再想多一想，他或她真的屬於你嗎？

「屬於」的意思，正詮釋了愛情中的「排他性」（exclusivity），渴望對方專一地愛着你，但這並非要對方隸屬自己、聽命自己，甚至純粹滿足自己的慾望。

貪婪的意思是想將不屬於自己的東西據為己有。貪婪，是只想滿足自己，單單用自己的方式去愛對方，沒有顧及對方的尊嚴、意願和需要。

愛是貪婪，因為情人極力想得到對方、佔有對方，使自己成為對方，令對方成為自己。

為愛着了魔

為何人會因愛變得貪婪，妄想將愛變成佔有？

愛有種魔力，是一股靈魂的力量，會激勵人發奮不斷去追求。這是真愛追尋的過程。可是，有一種愛並非真愛，當中被「佔有」的動力擄掠了，甚至為了佔有，有些人不惜不擇手段，例如撒謊、欺騙、搶奪。

這種「佔有的」愛，出發點是：

- 不是為對方好，而是為了使自己快樂。
- 不是把對方當作和自己平等的人，而是把人當作物件。
- 當自己被蒙蔽在這樣的「愛」裏，另外一方經常感到懊惱和痛苦。

我並不是說那些人沒有半點愛，可是他們卻將「去愛」和「被愛」混淆了。

我認識一位女孩子，父親是個不負責任的人，她自少缺乏父愛。她一生的志願是認識一個愛自己和負責任的男人。當她拍拖後，要求男朋友把所有時間給她，了解她的一切，事事給她肯定和認同。當男朋友感到吃不消的時候，她會指責他不負責任，或者「語重心長」地說明自己都是為對方好，抗議對方不體諒。

她其實不斷追求無底線的愛，只要被愛，卻不感到滿足。因為成長中沒有親身經驗過男性的保護和愛惜，只有靠幻想，追尋一種不切實際、完美無瑕的「愛」而不自知。

正如前文談過，成長中缺乏了關愛，會令人有情感衝動，極端地去盲目追求，忽略了他人的需要和感受。換句話說，他們失去了「同理心」的能力，就是一種願意懂對方，站在對方角度考慮的態度和志願。這會在第 5 章詳細解釋。

快樂與喜樂

有些人期望愛會令自己快樂，於是靠「佔有的愛」去追尋一生的快樂，彌補過去的缺憾。事實上，**「佔有的愛」或者帶來短暫的快樂；但唯有真愛，才能給予人長久的喜樂。**

快樂	喜樂
主要靠一些外在能夠「利己」的因素而產生。	主要是一種內在穩定的安全感和滿足感。
容易受外界和他人干擾。	透過內省和成長帶動。
經常怕失去了自己。	認識自己，也愛惜自己。
無力去包容接納。	有力去付出。

測試你有多少佔有慾

① **通常你喜歡的衣服（或者其他物品）會買兩件相同的嗎？**

經常 → **3 分**

偶爾 → **2 分**

從不 → **1 分**

② **你經常會買一些東西，但買完發現根本用不上（很少用）嗎？**

經常 → **3 分**

偶爾 → **2 分**

從不 → **1 分**

③ **假如你和戀人身處兩地，你總是詢問對方在做什麼嗎？**

經常 → **3 分**

偶爾 → **2 分**

從不 → **1 分**

④ 別人向你借了某個工具，你總是催促對方歸還？

經常 → 3 分

偶爾 → 2 分

從不 → 1 分

⑤ 你會非常在意你的辦公或者學習區域有其他人的東西嗎？

經常 → 3 分

偶爾 → 2 分

從不 → 1 分

⑥ 你喜歡的東西，總是不想和他人分享？

經常 → 3 分

偶爾 → 2 分

從不 → 1 分

⑦ 你總是習慣性支配你的戀人嗎？

經常 → 3 分

偶爾 → 2 分

從不 → 1 分

⑧ 當你的戀人和其他異性接觸，哪怕是正常的往來你都會吃醋？

經常 → 3 分

偶爾 → 2 分

從不 → 1 分

⑨ 當你最好的朋友和其他人有了更深層的友誼，你會感到彆扭？

經常 → **3 分**

偶爾 → **2 分**

從不 → **1 分**

⑩ 你總是無法接受失去自己心愛的人或者物？

經常 → **3 分**

偶爾 → **2 分**

從不 → **1 分**

測試結果：

10-15分 佔有慾 ★★☆☆☆	你並沒有太強的佔有慾，反而懂得分享，明白喜歡的東西不一定就是你的，能夠珍惜你擁有的一切；在社交方面也顯得非常通情達理，能夠充分尊重他人的獨立性，在情感方面認為每個人都是平等的。因此，當你喜歡一個人的時候，你會充分尊重對方的感受，而不是一味只滿足自己的需求，不會以自我為中心，會給對方充足的空間和表達內心感受的機會。

16-20 分 佔有慾 ★★★☆☆	你沒有太強的佔有慾，但是在分享方面還是有些不足，對於有些東西你是可以大方地和他人分享，但並不是非常主動的，更多時是被動的。對於事物的得失，你都可以做到坦然接受，不會執著於內心的佔有慾。同時，你有一定的自省力，會主動反思自己的行為，積極改正不好的行為，使自己與他人相處時更加融洽。

21-25 分 佔有慾 ★★★★☆	你的佔有慾已經比較明顯了，你會非常在意自己的得失，總是不喜歡分享自己喜歡的東西，這與自私還是有區別的，你會很大方地分享自己不喜歡但是別人需求的東西。在社交中或許並沒有表現出更深層的佔有，但是在愛情中卻非常明顯，你不會允許自己喜歡的人和其他異性走的太近，即便是分手後，你也受不了前度和別人走在一起。你很難顧及到對方的感受，總覺得自己的佔有就是愛，其實你錯了，愛是相互扶持，而不是駕馭和支配對方。

26-30分 **佔有慾** ★★★★★	你的佔有慾已經非常強烈了，表現出強大的領地意識，總是習慣性給自己劃領地，別人禁止踏足。因此可以看出你內心有着強大的支配慾，這是源於你自身的需求。在社交中，你有很強的圈子意識，只允許自己和他人保持親密關係，而不允許他人和自己以外的人保持親密關係。在愛情中就更加過分了，不懂尊重對方的感受，把對方當做物品自由支配。其實，你要明白，每個人都是獨立的，誰都不會被你支配。

（資料來源：https://kknews.cc/psychology/zkjngjq.html）

以上測試，僅供參考。要擺脫佔有慾，還是要嘗試放下追逐個人快樂的意圖，先建立自己，朝向喜樂；關係才會收穫真正的幸福。

一個人時，要善待自己；
兩個人時，要善待對方。

當愛變成二人世界

當二人開始一段關係，由相識到相愛，兩個人會愈走愈近。阿欣初時很享受二人世界，覺得自己很幸運。久而久之，她反而感到窒息，覺得愈來愈壓迫，又害怕失去了其他朋友圈。

二人的星球

當感情開始，二人彷彿搬到一個熱情的孤島，這裏溫馨甜蜜、自給自足，令你們覺得生命很豐富、很充實也很享受。擁有對方便足夠。

當感情開始，二人彷彿走進戀愛的花園，這是個秘密花園，只有你倆。大閘上，掛上「請勿打擾」四個大字，不歡迎其他人加入這個戀愛派對，讓你們可以安寧地發展這段感情。

科學家發現，愛情會令人的血清素 (serotonin) 水平下降，終日只被同一類事情或一個人纏繞着。血清素跟「執著」(obsession) 有關，情況就像一個患上強迫症的病人一樣，有「強迫意念」和「強迫思考」。體內血清素偏低，熱戀中的情侶只會執迷於、聚焦於所愛慕的人，往往忽略身邊其他的人和事；血清素濃度高的人，熱戀期比較快結束。

愛未必是盲目，但可能令你患上大近視，失去其他視點，忽略了其他關係。

疏遠別人為了保護這段關係

拍拖初期，兩個人變成「糖黐豆」，的確無可厚非。其實，每段關係開始的時候都有一段「蜜月期」。**「蜜月期」是個籬笆，保護二人仍是比較脆弱的關係，讓二人在無阻隔、無第三方影響下，增進交流、溝通、認識和培育更深的感情。**

可是有些人，真的以為戀愛是一個「孤島」，純粹是兩個人的事。他們沒發現原來自己不知不覺間遠離了人羣，疏遠身邊的人，一直停留在「孤島期」。這時候，有些朋友都開始揶揄你們似「連體嬰」，甚至「有異性無人性」，你們的行為可能包括：

- 減少約會其他朋友。
- 沒有雙方共同朋友，或出席共同朋友的聚會。
- 沒有人知道你們在拍拖。
- 沒有人知道你們關係中發生的事（甚至分了手）。
- 不想對方離開自己，參加其他人的聚會。

這情況、這假設可能包含着很多不同原因：

- 想完全佔有對方的時間和注意。
- 擔心別人如何看待自己、對方，或這段關係。
- 怕別人對自己、情人，或這段關係指指點點。
- 怕別人（如父母）不認同自己拍拖。
- 怕別人（如朋友）不認同這段關係。
- 怕一旦分手，難以向別人交代。

我認識一個女生，因為好奇，在網上結識了一個男生。關係就如此高速發展下去。她生怕別人知道她網交，也擔心別人對這男生指指點點，所以一直沒有公開。後來，他們經常吵架，令她非常困惱。可是她傾訴無門，唯有獨自承受。漸漸地，男生表現得很疏離，為了挽回關係，她只好接受他在性方面的要求。最後，她發現懷了孕，才不得不告訴好友。好友當然很驚訝原來發生了那麼多事！她以為在「保護」這段關係，其實一直孤軍作戰，直至乏力無援。

沒一個人是孤島，沒一種關係是孤島

人是關係性的（relational），人需要關係，要透過關係去生活。而不同關係之間也彼此相關，周遭無數的關係會交織出一個生命連結的圖譜。正面地說，在這個圖譜上，不同關係應該彼此豐富、彼此建立、彼此支援。

你有否想過，身邊的人——

- 可以當你在關係上遇上喜怒哀樂時的聆聽者。
- 可以當你這段關係背後的支持者和守望者。
- 可以當你這段關係的見證人。
- 可以給你們各自一點私人空間。
- 可以給你們在關係上客觀的意見和正面的榜樣。

有人問過我：「結婚是兩個人的事，為何一定要辦婚禮？」我一直思考，而我的想法是，戀愛不單是兩個人的事，是羣體的事，有着其他人的祝福、見證、分享、守望和看守，更能「保護」這段關係，作隨時的支援，提醒他們不走差。

再者，你相信嗎？**人懂得進入羣體，才懂得進入二人關係。我們都在不同羣體中，認識自己，學習相處。這是二人關係中不可或缺的東西。**

我請你鼓起勇氣：

- 進入情人的共同朋友羣體，一起學習生活共處。
- 容許對方擁有自己的朋友，學習為對方留空間。
- 向信任的人（包括父母）公開你們的關係，說明你喜歡對方的原因。

- 邀請信任的人（或者較成熟的人或夫婦）看守這段關係，不時問候和提點你們。

談戀愛，是兩個人的事。
但建立關係，就要顧及兩個人，
以及身旁所有的人際關係。

當愛變成黐身

如果你發現你倆出現大部分以下情況，恭喜你們，你們已經進入二人世界，沐浴於愛河之中，成為一對。

- 時間彷彿靜止、凝結起來。
- 感覺每次的相聚時間都過得很快。
- 看不見身邊的人，聽不見他人的說話。
- 有說不盡的話題。
- 不用對話，只是在一起也夠滿足。
- 喜歡十指緊扣，吻過不停。
- 很想擁抱對方，或者被對方擁抱。
- 想佔有對方的身體，或被對方佔有。
- 說話變得溫聲軟語、稚氣和肉麻起來。
- 經常想念對方正在做什麼，沒心機做其他事。
- 反復回味二人做過的事、走過的地方，對方向你說過的話。

1＋1不等如1

這時，你們正沐浴於感情的「蜜月期」。你想常常小鳥依人，秤不離砣，你的即是我的，我的即是你的。我眼中只有你，你眼中只有我。「蜜月期」間，你倆可以更充分交流、溝通、認識和培育更深厚的感情。

但這段非常埋身、黐身的「蜜月期」不能維持太久，否則會出現反效果，關係日漸枯燥、不健康，雙方容易摩擦、埋怨。

有些人為何一直不能擺脫這個非常黐身的階段？其實是欠缺安全感。

- 這是一種**補償**，補償過去在成長中缺乏的可依附感覺。
- 這是一種**恐懼**，恐懼失去一段關係或被愛的感覺。
- 這是一種**自卑**，因「另一半」不在身邊，便感到自己不完全、毫無價值。
- 這是一種**迷茫**，迷茫一旦看不見他，就掌握不到這段關係。

一個人從單身走進二人關係，自然將一直存在心底對依附的渴望，釋放和投射到愛人身上。你會想依附着對方，渴望成為對方的一部分；同時，也希望對方成為你的一部分。二人合成一體。這個方程式是：

1＋1＝1

不過，這只是一種幻想，並非現實。現實是你們二人都是獨立的個體。這個方程式是：

1＋1＝2

我們每個人都不完全。不過，你們卻不能因二人結合，令你的一半與對方的一半成為完全。相反，你與對方結合，是為了幫助、給力量對方去完成他所缺乏的部分，儘量達至更完滿。

要為對方完成這成長的工程，其中要緊的是給對方和這段關係一點空間。

空間與界線

空間與界線有很大關係。**界線是人與人之間因着親密程度，而劃出的距離。很多人以為情侶間有「愛」，就不用限制距離，這是錯誤的觀念。**我以一雙荷包蛋形容兩個人的自我（蛋黃）及相連地方（蛋白）。

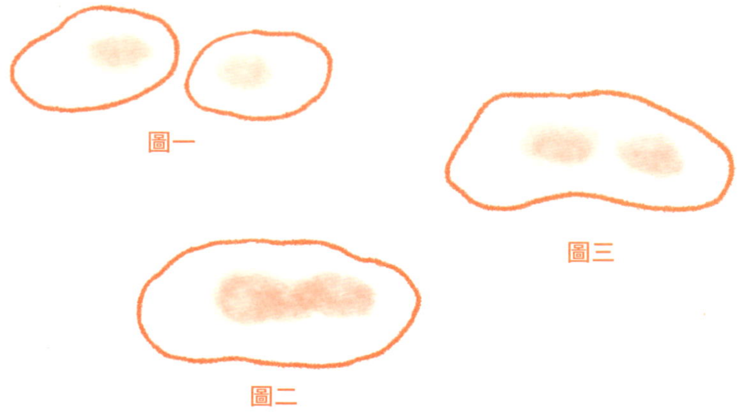

圖一是一對分開了的荷包蛋，蛋黃分開，互不相干；

圖二是兩隻混在一起的荷包蛋，分不清彼此的蛋白蛋黃，界線糾纏不清；

圖三是一對相連的荷包蛋（蛋白），但仍各自有明顯的蛋黃（自我），界線中有「我」、「你」和「我們」。

每個人都需要和配得適量的空間，空間不但是個人休息的空間，更是一份尊重。正如每個人都需要別人尊重自己的身體、心靈、活動、社交、私隱的空間，不容他人佔據、侵犯。每個人所需的空間不同，需要雙方多溝通和摸索。

空間對親密關係有什麼好處？當你倆之間有了空間——

- 雙方會覺得被尊重，有尊嚴。
- 雙方會覺得被信任。
- 雙方會有自我和能力感。
- 雙方會有社交網絡和支持系統。
- 雙方會容許身體休息，補充力量。
- 雙方會有心靈空間去思考，及調整情緒。

成熟的愛，是雙方積極地保持各自的個人性和完整性，又可以走在一起，凝聚一股愛的力量。

勇敢地為對方留空間

親密關係的距離是一種弔詭。

每個人都需要空間，否則會窒息。**在親密關係中，愛拉近人際距離。可是，長期太接近，關係會漸漸演變成佔有、擠壓。人在擠壓中，自然會反抗和逃脫，隔膜就由此而生。行得太近，反而更疏離。**

例如男性面對壓力時，比較需要個人空間去思考（好像一個樹窿）和處理情緒（女性則喜歡分享），如果遇上女朋友太步步進逼，反而會逃跑。

而女性面對壓力和困難時，相對需要時間消化；但男朋友就催促她快一點「走」出來，其實對她都是一種壓力，感到失去空間。

給彼此留一點空間吧！這些空間包括：

時間 有二人拍拖的時間，也尊重對方有私人的時間。

身體 可以有親密機會，也要問對方在身體接觸上的底線，及什麼時候容許哪個程度的親熱（如朋友在場）。

社交 容讓大家各有自己的社交圈子，娛樂放鬆。

私隱 接納各人有自己的私隱。注意：私隱（privacy）並不等同隱瞞（secrecy）。其實我們很難分辨私隱與秘密。它們最大的差異在於心態。隱瞞帶有恐懼和罪疚感，心中有鬼。心裏有私隱，反而令人有界線，有自己的世界。

金錢 有人以為「你的是我的，我的仍是我的」。給對方一點空間，不用每次都要男友付款，學習彼此承擔與付出，也是尊重和關愛。

每段關係要為對方留「呼吸空間」，
雙方才能吸收真正愛的氣息。

當愛變得沒底線

你的情人會否跟阿欣的男友相似，愛得沒了底線，自己全情投入，也強迫對方全情投入，一點都不留餘地呢？那麼，他或她有沒有以下「沒底線」的情況呢？

- 經常要你滿足他或她的需要，或批評你不夠細心和敏銳他或她的需要。
- 在未說出來之先，期望你了解他或她心裏想什麼、需要什麼。
- 甚少認同你的感受。
- 不敏感你的感受和需要，或者容易一口咬定你有什麼需要。
- 一旦對他或她提少少批評，就大發雷霆。
- 經常期望你公開地欣賞他或她。
- 有時會貶低你或操控你。
- 比較自我、任性。
- 報復心比較強。
- 對你說謊或誤導，或為自己找很多藉口，總之不認錯。

如果你發現你的情人有上述幾項表現，可能他或她只是發點少爺或小姐脾氣；更甚的，就是王子病、公主病。**如果在這種情況下，你都選擇百般遷就，甘心成為他或她的「愛情工**

具」，你們可能維持着一種不健康的「沒界線，沒底線」的關係。如果每次只有對方說，沒有你說，而你又永遠在捱打捱罵，這表示你的底線已經穿破了。他或她正在想着「愛是佔有」，而你想着愛是如此「被佔有」。

沒底線的人

在關係中，沒有自己底線的人往往是這樣的：

- 自尊比較低，經常覺得自己不如人，沒價值，不值得被愛。
- 經常討好別人，怕得罪人，常常感覺自己沒有選擇權。
- 人際界線模糊，覺得自己要向別人事事負責，被人無理詆毀也不太感到出問題。
- 對情人的批評反應過敏，一是不經思量就表達，或者反應激動。
- 扮演拯救者的角色，非常敏感對方的感受和反應，事事為他人想，為他人盡責。
- 有時利用「做好人」或先「認低威」的方法，想去操控對方。
- 不清楚或不敢承認自己對情人的負面感受，因此不能向對方分享。
- 經常害怕被拒絕、被拋棄。

- 不想面對關係的問題，不斷以藉口說服自己，這段關係沒有問題。
- 很渴望，但很難感覺與人有一份親密感覺。
- 常常感到焦慮和恐懼，內心有時又對情人、對自己很生氣。

如果你發現自己經常出現上述情況，你可能不自覺地陷入一段沒底線的關係，模式就是一個苛索，一個滿足；一個要控制，一個甘願受控。**其實雙方都超越了底線。人不斷侵佔別人的底線，是為要得到對方的肯定。**

由無底線到走鋼線

欺壓一方以操控去獲得對方「肯定」，甘願受控的一方以為順從就能得着「愛惜」。這樣發展下去，就像走鋼線一樣。久而久之，受壓一方會逐漸感到窒息，尊嚴被踐踏，一旦走投無路想要分手時，操控一方就反過來苦苦哀求。如果受壓一方回心轉意，惡性循環便延續；哀求無效，操控的就感到被拒絕，只有心痛欲絕，甚至可能以自毀相逼。

不要縱容他人沒底線

有些人認為愛單單是令對方快樂。但是，在戀愛關係中，沒有人是奴隸獸或獨裁者，應該是互相尊重，維持平等和對等的關係。你有時要退讓，但不能永遠是弱者；你有時要扶助，但不能永遠做拯救者。

愛情，並非要拯救別人。愛是讓情人有力去面對和解決自己的困難，做自己的拯救者。

如果你老是要扮演拯救者或弱者，甘心受控，可能是內心裏有份不安，以致催迫自己去百般遷就和縱容。你是否害怕：

- 雙方衝突，而你無力抵抗？
- 失去這段感情？
- 被拒絕，以致對方不會滿足你一些需要？
- 被指責沒有責任感？（重複自己父母那種不負責任？）

這個反思過程是你自我強化與自我拯救的過程。要建立一段穩固而有深度的關係，你要先具備強健的內在力量，才能感染和強化對方的心靈。

愛是雙向的（mutual）和互惠的（reciprocal），俗語說「你對我好，我對你好」。如果你的情人只是間中發點脾氣還好，你不妨向對方分享你的感受，雙方協議一種彼此尊重的相處和溝通模式。

你也可以參考下面的提示：

- 接觸和肯定內心各種思想和感受，對自己的內在世界多一點掌握。
- 愛錫自己，就似是父母一般去愛錫、安慰和鼓勵自己。
- 對自己狀況有適當的評估。
- 關注自己的情感需要。
- 檢視和處理成長中與父母的關係。
- 畫出適合這段關係的界線。
- 不要單用「同理心」去認同對方所有感受，有時也要跟對方談理性。
- 如果情況比較難分難解，請考慮尋找專業輔導咨詢。

兩人相愛，不能只有一方拚命妥協，委屈退讓只會毀掉你的愛情。

真愛會令一個自戀的人變得謙卑，
一個自卑的人變得自信。
否則，這並非真愛。

當愛充滿計算

佔有慾也包括對情人無理的要求。以下幾篇會說明不同種類的情人要求。

很多時候，有些人會亮出一個名堂，說是為了對方好，為關係好，實質是想操控，純為「自己」。

第一種要求就是常常強調自己對情人有多好，有多着緊情人，給情人很大壓力。

你很想知道情人愛你有多少。愛愈多，你便愈感覺甜蜜，認定這份愛是值得的。所以，你可能會問：

- 我經常先打電話 / 傳訊息給你，你對我呢？
- 我經常安排約會的內容，你對我呢？
- 我經常在約會時準時或早到，你對我呢？
- 我經常在食飯後結帳，你對我呢？
- 我經常送你小禮物，你對我呢？
- 我經常到你家見你家人，你對我呢？
- 我經常體諒你的辛苦，關心你，你對我呢？

我明白你認為愛情應該是「無條件」的，但如此一直「無條件」下去，你可能會有點灰心，內心累積了很多抱怨，因為你需要對方付出、回應，證明他或她重視你。漸漸，你開始質疑自己是否很傻，不問回報地付出，值得不值得，甚至你懷疑他或她是否真的愛你。

我同意在關係裏面，本應是「你對我好，我對你好」這種呼應互惠的關係。因為你從情人的反應，可以看出對方有多重視你。可是，愛情不是等價交易。

「期望」是慢性毒藥

如果相愛是做數學題，恐怕一直不會找到答案，因為愛不是一條算式。

當你發現自己對這段關係漸漸失去安全感，感到患得患失，對每個相處細節都感到不滿而斤斤計較，或者常常問自己值不值得再付出，我擔心你們的關係可能出了問題，或者你將感情變成了「計算」。計算我為你付出了多少，而自己又獲得多少。

計算源於期望，而期望有時是關係的慢性毒藥。適當程度的期望使你對關係有要求，而且帶着期待，令感情有進步空間。然而，**不能自制、不能自我約束的期望，卻會令人開始計算、埋怨、失望、失落，埋下憎恨和苦毒的伏線。**

我認識一個女生。她剛剛與男朋友分手，便立刻栽進另一段關係。前度與現時男朋友是兩類人。前者主動熱情，而後者內向和慢熱。雖然現任男友很樂意見面，又很愛護她，可是幾乎每次見面都是女方主動提出。於是女生常常嫌男朋友不夠主動，開始懷疑對方是否認真，是否愛自己。她想爭取更多時間見面，但他卻說有時想享受一個人的空間。她又開始一番抱怨……

親密需要度身訂造

我們知道每個人的性格各異，成長背景不同，因此對親密的體會和需要也不同。有些人需要很多相處時間，有些人傾向有自己的空間；有些喜歡這種親密表達，有些人卻不然。

如果只會計算付出多少，回報多少，可能最終失望而回，因為我們只是利用自己的尺度和標準去衡量對方，衡量這段關係。

倘若你在愛情裏放下計算，絕對不會成了感情的傻瓜，反而會變得精明。因為感情根本不能計算，而且你已經知曉「我愛你，而剛好你也愛我，就已經足夠，已經值得。我是幸福的！」

不錯，你已經知道世上有種東西值得你堅持，就是「你愛他，他愛你」的關係。

戀愛是一種合作關係

很多時候，我們一手拿東西給人家，同時一手又伸出去要東西。我們常常誤以為這種類似交易的關係是愛。我不是說，感情要完全不附帶任何條件。人有限制，不能完全無私付出。但我們可以一起想想：

- 你對愛的索求是否與你在成長中對愛的缺乏有關？
- 當你對一件事失望時，究竟你內心需要什麼？
- 你有否想過對方已經以他或她的方式去關心你、愛護你？
- 你在付出時，感到一份幸福和滿足嗎？
- 你想爭取絕對的公平，還是願意彼此在關係上平等看待？

以上問題，幫助你管理你的期望。

完整的人愛另一個完整的人

愛情是什麼？有一個說法，就是一個完整的人面對着另一個完整的人。完整的意思可以是有「自知之明」(self-knowledge)，知道哪裏可以自足，哪裏不足有需要，設法完善自己，而不是單靠過分索求對方而滿足自己。因為大家應該是平等的。

每個人都是完全不同的。如果我們一直追求一種完全等同的共處，就可能找錯地方。愛情只是一個不斷學習共處的過程，也可以說是一種合作關係。

這個合作關係透過溝通、摸索和了解，彼此在親密上的需要和意願，調適各自的表達和付出方式。這樣，關係才能產生更多的可能性，兩個人會覺得愈來愈完整，而並非被另一方漸漸吞噬。

互相尊重的溝通可增進彼此「平等」的感覺，拉近雙方的距離。猜疑反而會阻塞了溝通。

那麼，「無條件的愛」不是着重「對自己有好處」的要求，而是以追求對方的「成長和完整」，在這願景下彼此相處。

愛的付出要建基於良好的關係，
不然，付出就變成一份負擔，一份工作。

當愛要改變情人

第二種無理要求是，事事希望情人為你改變。愈難改變的事，好像愈代表對方愛你。

你想情人變得更好，當然是出於好意，處處替情人着想，而且恨鐵不成鋼，於是心中寫了張願望清單（wish list）：

生活習慣 減肥、戒打機、戒煙、不胡亂花錢、儲錢、整潔有手尾、咀嚼時細聲一點、早睡早起……

性格處事 主動、上進、有計劃、有膽識、溫柔、交遊廣闊、孝順父母、信耶穌……

與你相處 遷就你、任勞任怨、與你約會必定守時、送禮物給你、記得所有關於你的事、未經你同意不准與異性交往、第一時間回覆你的電話或訊息、不准干涉你的交友生活……

有時候，當你提起這份清單，看着你的情人，你可能會搖頭歎息，或者被他或她氣得七孔生煙，總感覺對方老是死性不改。

改變，為誰的好處？

在你再次生氣之前，我請你坦誠地問自己的內心，你想改變情人，是為了什麼好處？

- 我希望對方將來有好日子過（我也希望我們 / 我將來有好日子）。
- 我希望對方不被人看扁（我也希望我不被人看扁）。
- 我希望對方愛自己（我也希望對方表示愛我、尊重我）。
- 我希望對方可以自我控制（我也希望可以控制對方，掌握這段關係）。
- 我希望對方優秀（我也希望對方跟我相似）。

兩個人一起生活，已經融化為一體。你的好處就是我的好處。想對方稍有改變也不為過。有時候，我們的確已難以辨別自己的動機。

想「情人改變」反映你的動機，想「改變情人」卻是一種操控。你要當心，如果自己對於改變情人太着緊、太堅持，可能反映你內在帶有一種操控的心態，為自己多於為情人，並且你可能對自己、對關係都缺乏一份安全感。

太堅持要情人為自己改變，會漸漸演變成自私的心。可悲的是，這種自私，嚴格一點說，並非代表你太愛自己，這其實反映你對自己愛得太少。看到情人的不完美，可能是一種投射，反映內裏對自己、對現況、對將來的擔憂、不滿、不服氣、不服輸。你只不過無意間將這份不安轉嫁給你的情人，希望他為此做點事。設若對方肯為你改變，就好像給你一道「平安符」，象徵意義大於實際。

死性難改

當你怪責情人死性不改時，也要記得另一句老話，「江山易改，品性難移」。

你的情人由母親帶來這世界，然後由歷史帶來你身邊。他或她受成長、文化和歷史影響，才成為今日的他 / 她。你的情人以十多年、廿多年、三十多年……時間去長成，不能以日以月計去改變。這不是為情人找藉口，而是希望你增加對彼此的明白和諒解。我不是說什麼都不用改變，而是改變的方式和時間表，未必完全掌握於你手。

她是個開朗熱情的人，被文靜又愛思考的他吸引。兩人很快便在一起。可是，她喜歡分享和溝通，但他比較安靜含蓄。漸漸地，她對他的寡言和「反應緩慢」感到不滿，更害怕關係會走下坡，所以經常「訓練」他的口才和溝通技巧，令他感到無窮壓力，二人因而產生隔膜。一次，當她又再苦苦相逼時，他憤然說：「你認識我的時候，我已經是這樣子。你不想要我吧！」她只好愣住了。

原來，她忘記了他來自一個離異家庭，過去常被人忽略，甚少與人溝通。她當初選定了他，就是接納他這個模樣。所以 ——

- 不要在你們的關係中突然加入「附帶條件」。
- 不要將「愛不愛你」與「改不改變」混為一談。
- 不要以「放長雙眼睇你點衰」的心態去回應對方的不願改變。
- 不要太快質疑和後悔自己的選擇。

不要一味改變情人的「差」，要發揚情人的「好」

你會發現，有時你愈要求情人改變，對方就偏不肯屈服，使你很苦惱！其實，你可能找錯了方法。

- 體諒和接納才是最大的推動力。體諒對方的限制和難處，也明白對方其實都想改變，但一時間不易做到；一起等候，忍耐地讓「時間」去工作。

- 情人與你不同之處，往往就是對方的特點。為情人好，最好的方式是發掘對方的好處和特點，加以肯定和鼓勵，展現和強化他或她的「好」。這樣，情人才更美麗。
- 當你想情人為你做什麼，先為對方做；想停止對方某種不良溝通方式，你先放下自己的成見，平心靜氣跟對方談；想情人改變一種行為，先修正自己的態度或觀念。
- 將你為情人好的背後動機告訴對方，對方才會受感動，甘心情願為你一小步一小步改變起來。

你所認為情人的缺點，也許是你最初喜歡他或她的原點。

發掘自己與情人的優點

兩個人相處，會有很多盲點，盲點可能是對方看不見你的優點，又或對方誤會你的地方，例如做事的動機。

互相溝通和發現是一個非常重要的過程。嘗試運用以下列表，讓雙方好好談談。每人先做自己的功課，儘量寫，之後交換看，一起分享。

	從你的角度看對方	從情人角度看你
看得見的優點		
未被發現的優點		
可接受的缺點		
不想接受的缺點		

你所認為情人的缺點，
也許是你最初喜歡他或她的原點。

當愛要求必須同步

第三種不合理的要求是，以「彼此要同步一致」作為藉口，目的是去操控別人。

他們會問：二人不一致，總令人不舒服，好像若有所失，是嗎？

她：「我們拍拖了一段日子，你感覺習慣嗎？」
他：「有習慣，有不習慣吧！」
她：「不習慣？為何你感覺不習慣？」
他：「總有些東西不習慣吧！」
她：「怎可能？我們不是要一致嗎？」

當你在熱戀時期，即使一方發現對方與自己不一致，因情到濃時，總會刻意遷就、配合和妥協，為營造一份登對、和諧感覺。久而久之，當感情穩定下來，雙方都逐漸「做回自己」，這時彼此的不一致亦明顯起來。一方開始埋怨另一方強迫他要就範，另一方又開始投訴他變了。結果誰也不願附從對方、附屬他人。

從此，雙方就在一致與不一致的張力下拉鋸不休。

一致與不一致

關係是一致與不一致的交匯。當然你們必須有一致的地方，例如是價值觀。但異性相吸，大部分人因為彼此的不同（不一致），才會互相吸引，走在一起。我好動，所以喜歡你的文靜；我粗心大意，所以喜歡你的細心。

當關係久了，人彷佛淡忘了當日自己選擇對方的原因、喜歡他的好處，反而挑剔對方與你不配合的地方：對一些事物看法不一樣、步伐不一致。你開始發現大家沒有默契，擔心大家究竟「夾不夾」。其實，關係的玩味，就是人與人在關係上遊走於一致與不一致之間。

我在輔導室與夫婦處理婚姻問題時，經常聽見這句說話：「你可否與我一致、有默契？」但這個問題背後並非尋求真正的默契，而是要求對方跟從自己的意願和方式，按你的方式達到「一致」。

默契不是要一式一樣

真正的一致不是工廠「倒模式」的劃一化。真正默契的核心，其實是「尊重」。

如果每個人都是一式一樣（identical），**就不需要尊重。就是由於人並非一式一樣，我們要學習接納和認同（identify）他人有自己的身分（identity）**，每個人都不是別人的附屬品。尊重的意思是：

- 接納他人為一個「人」，一個完整而獨立的個體；
- 確認他人有自我的決定權。

在尊重的基礎上，人才能接納和容納差異，聆聽對方的意見，嘗試尋求一致和解決的方案。

我想起一句常見的英文句子，就是 agree to disagree，意思是我們同意彼此可以有不同的意見 / 我們同意雙方保留不同的意見。

在雙方這種「同意」下，才能展開對話和討論。但這種「同意」不是叫你啞忍，而是要你暫時放下自己的堅持，嘗試了解自己這一刻未必同意的事！因此，你們「夾不夾」不是大問題，如何去「夾」（相處）才是大學問。

默契要怎麼培養

1. **默契實在是失敗的累積。**雖然二人初時在某些地方不一致，甚至不時發生衝突摩擦；但透過彼此尊重，可以增進了解。互相了解，默契就容易建立。在心理學上，這叫做「調校」(attunement)，情況好像新手母親面對她的初生嬰兒，要經過一段時間的互動交流，才能掌握嬰兒的需要和脾性，加以調校自己，為了希望滿足到他。

2. **默契其實是學習得來的。**感情關係帶有互補性 (complementarity)，就是我們常說的一凸一凹，互補對方的不足。你們不一致的地方，可以接受對方的影響。世界知名婚姻大師葛特蒙博士 (John Gottman) 教導夫婦的經典原則，其中一項就是叫我們讓伴侶影響自己 (let your partner influence you)。

如何被對方影響自己？我有以下建議。

讓對方成為你的老師

從對方跟你不一樣的思考、生活模式之中發掘優點和好處，更嘗試體會對方為何如此選擇，他背後的原因和心思是什麼。之後，不妨嘗試採用對方的方式，看看結果如何。你可能會獲得新的體驗和領會。

「我是急性子，你是慢郎中。可是，我不妨向你學習思考細密一點，不用太快對事情下判斷。」

讓對方成為你的學生

我不是要你強迫對方跟從你，而是提醒你要想清楚如何表達自己的看法和觀點。假設對方對你的想法是空白的，只有耐心地解釋思想背後的意思和感受，對方才會更明白你，嘗試認同你。

「我剛才叫你跑到老遠買這件東西，不單是為了省錢，更是知道你最近想儲多一點錢讀書。」

讓對方成為你的鏡子

當你感覺對方的講法做法不妥當時，可能反映你的看法也太極端。當你看見對方與你不同，可能反映別人也如此看你。當對方提點你時，請你認真思考。重點是，當看到彼此不同時，將焦點放在自己身上。

「我看你一向對人直言不諱，才領會原來自己太遷就人。其實，這樣對我都不健康的。」

各有不同，讓愛變得精彩，
從中你會發現新鮮感、創造力和可能性。

當愛等於性

還有另一種，也是常見的一種要求，就是對於性的要求。以下是一個例子：

「我愛你。」他溫柔地說，同時開始在她身上毛手毛腳。
「我都愛你。」她也很陶醉地回應，但身體自然地想抗拒入侵。
「你做什麼？我覺得這樣不太好。」
「有什麼不好？你不愛我嗎？」
「我⋯⋯」

他以為有愛就立即可以有性。他以愛為藉口去獲取性。沒有一對情侶不想建立親密關係。親密關係有身體和心靈的層面。可是，有些男女在交往時會產生身體和心靈親密的不平衡。

我認識一個留學海外的男孩子。他因為寂寞就跟一個女孩子拍拖。但他對我說：「我們每次『約會』都是在她宿舍的牀上，做完愛，看看電視，我就走了。這生活漸變成習慣。後來我發覺已經很難再跟她談其他心事。」

沒有心靈親密的根基，即使有肉體的親密，關係仍是空洞的，發展得太快的身體親密亦會阻礙心靈親密的發展。

性和愛：一種有進程的互動

美國心理學家史坦伯格（Robert Sternberg, 1949-）在 1986 年提出經典的愛情三角理論。三角的意思是真愛的三個層次：

激情
（Passion）
對性的激情和慾望（動機層次）

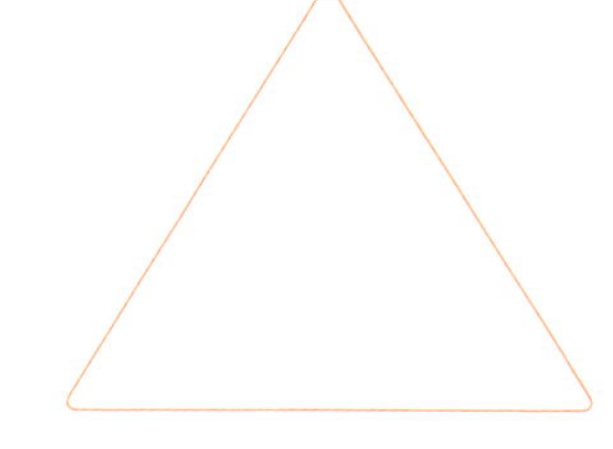

親密
（Intimacy）
坦誠以對和了解（情感層次）

承諾
（Commitment）
忠誠和犧牲以及長期維持關係
（認知層次）

	關係程度（承諾）	親密程度		受傷程度（心靈）
		心靈	身體	
1	萍水相逢	Hi, bye	沒有身體接觸	極微
2	普通朋友	閒話家常	握手	少量
3	認真朋友	真誠分享	拍拍肩頭	幾高
4	知心朋友	無所不談	搭肩頭、拖手	很高
5	男女朋友	說心底話	拖手、擁抱、親吻	非常高
6	夫妻承諾	憂戚與共	性交	極高

我嘗試將它們結合在性關係上：（請先看不同承諾程度與親密程度的關係，之後比較每種關係的受傷程度）

從上表所見，**人與人之間隨着時間可以發展更深厚的關係，這些關係（承諾）與心靈親密程度息息相關，因為關係的進深主要是透過交流和分享而產生。**更重要的是，心靈愈接近，人對身體上的戒心也會隨之減輕，並以身體接觸作為另一種形式的交流。

最後一欄是心靈受傷程度，關係愈深，身體接觸愈近，一旦關係出了問題或分離，打擊和傷痛就愈大。

性和愛：激情之差

那麼激情呢？男與女在這方面差異通常比較大。男性面對喜歡的異性，一開始的激情通常比較強烈，很希望擁有對方，與對方有非常親密的身體接觸。隨着時間過去，這種感覺會漸漸減弱至一個穩定水平。

而女性通常一開始時的激情不及男性強烈，反而隨着時間、關係進深而漸漸增加。這就是男與女的落差，也解釋了為何男性普遍給人印象是「急色鬼」。其實，他們都受着生理及心理的影響，難以自控。

性和愛：一種給予的關係

愛最高的境界是給予，將自己最好的東西給予你所愛的人。這在各種情感關係上都適用，包括親情、愛情和友情。

當女性與男性發生性關係，代表她願意將整個身體奉獻給他。同時，他也將自己的身體包括最私隱、最脆弱的部分 —— 生殖器官，也獻給她。所以，性愛真正意思不是佔有對方的身體，反而是奉獻自己的身體。一個給予者召喚另一個人去給予，由愛去召喚愛。這是個神聖而偉大的過程。

這解釋了為何我們應在婚姻的盟誓後，才有性關係。這盟誓表達了彼此付出和奉獻的意願，也見證承諾不變。

性的幻象

但很多人將性歪曲變成純生理需要，甚至是一種佔有和滿足。

「食色，性也」，這句話彷彿說明性是純生理需要。但是，我們飲食都要講禮貌、餐桌禮儀、看吃什麼、選擇適當時間和地點，甚至用餐對象等。人在食和性上不應像野獸一般。

有性需要就該滿足？這種性只是滿足自己的慾念、好奇或虛榮，或以性去探測異性對自己的愛有多少，都是自私，不是愛。有人說：「大家都有滿足吧！」其實，很多時候，人只不過將自己短時間麻醉在性的過程中，凍結自己真正的感受而已。很多人在一夜情過後，只殘留寂寞和羞恥感；在未有盟約前的性行為，只會帶來不踏實和擔憂的感覺。

性的真相

性，建立在承諾和親密的基礎上。未有基礎的性，只帶來疏離感。

性，是有後果的。未到時機，請**以親密取代性的快感**。

性，是給予，從給予中取得愛。當你未能付出（或承擔後果）時，請不要支取。

性，是神聖的，將自己的心靈和身體奉獻給一個值得的人。能夠堅持地保護它，直至遇上一生的伴侶，是對自己和伴侶的一份神聖禮物，稱為「堅貞」。

性濫交，是戀物癖，物化他人，將別人視為一件給你洩慾的物件。不良的性愛書刊網絡，將人內心最黑暗的慾念無限誇大和現實化，都是虛擬的。女孩子從來不喜歡你這樣做。

愛一個人，
就是要保護自己和對方身體的「神聖」。

當愛要求千依百順

從另一面看，為何有些人即使明知情人的要求無理，仍然順應？世上，的確有一種叫「一個願打，一個願捱」的關係。在地球的另一端，有些人把自己價值看得很低，若不遷就情人就不能生存。

他們覺得「你快樂所以我快樂」，在戀愛中事事以情人為先，以情人的好處為自己的好處，真的很溫馨、甜蜜、慷慨和幸福啊！愛是以對方好處為先，正是說明這種以對方為中心（other-centered）的關係。可是，我們要小心自己可能走向一個極端，變成「你快樂，我未必快樂」。何解？因為他們只知要付出，而從來不懂自愛。

不自愛的情人

愛得自卑

他們經常感覺自己不值得被愛，唯恐情人一天會厭棄自己，只好對情人千依百順，筋疲力歇地「做到最好」，只為留住眼前人。

愛得迷茫

他們不太確定自己在關係上需要什麼，有時責怪自己對情人不夠好，有時心裏又埋怨情人不夠好，很矛盾，感到關係空洞而不踏實。

愛得依賴

這種人很奇怪，在日常生活中，例如學習和工作，都可以表現獨立。然而，當他們接近情人時，會突然「返老還童」，覺得自己什麼都做不來，變得很依賴，不能沒有對方。

我快樂，才能令你快樂

精神分析學派心理學家弗洛姆（Erich Fromm）在他的經典《愛的藝術》裏說過：**「學習愛人的第一步就是愛自己。因為自己也是人，如果你連自己都不能愛，怎麼有條件去愛別人？」**你不快樂，如何帶給情人快樂呢？

但是，有些人在成長中缺乏被愛的經驗，難建立一份安全感和自我價值，不敢肯定自己是否值得被愛。他們的經驗教導他們一個道理：「你要別人愛你，就要努力做好，賺取別人的愛。」從此，他們的眼睛只會盯着別人的需要，和別人對自己一舉一動的反應，思量怎樣能夠討好別人，結果失去自己，生命變得空洞。

這種關係會有什麼結果？他們 ——

- 不能說出真心話，包括內心的感受。
- 不能表達自己的真正需要，心裏想「說了都沒有用」。
- 內心積壓很多對情人和對自己的埋怨。
- 不懂處理或只管逃避衝突。
- 漸漸感覺自己在關係中被虧欠，甚至不再信任情人。
- 漸漸產生更多隔膜和誤會。

人必須先自愛，才能擁有和完全地體會情侶的愛。如果你認為自己過去缺乏被父親、母親疼愛的經驗，或許，有時候你要做自己的父親、母親（father yourself or mother yourself），讓自己重新經驗愛，就是要愛錫自己、安慰自己、欣賞自己等。以下是一些例子：

自我寬恕

小孩子不小心打破了一件家具，內心一直很驚惶，怕媽媽發現後會被責備。不料，媽媽回來發現後，竟然對孩子說：「小事吧！不要驚慌，沒問題的。」孩子的心才安頓下來。你可以做自己的父母嗎？你可以培養一種反省能力，能夠面對自己的過失，放過自己，溫柔地對自己說聲：“ It doesn't really matter. It's ok！”

自我諒解

一個小孩被後面的同學騷擾，當他回頭想反抗時，不小心用手裏拿着的鉛筆畫傷了同學的手臂，他立即哭起來。老師走向「傷人的」小孩子，他就懼怕起來，但老師願意細心了解事情的始末，最後對小孩子說：「你不小心刺傷了他，不是有心的。」小孩子當時感到很安慰、很被諒解。你可以如此對待自己不完美的地方嗎？

自我欣賞

小孩子參加了一個漫畫比賽，得到優異獎，但心裏怕父母責怪自己浪費時間在漫畫上，所以沒有告訴他們。一天，母親發現小孩子桌上的獎牌，竟然讚賞、鼓勵，他心裏感到一份真正的成功感。你可以為微不足道的事，替自己高興嗎？

自我安慰

一天，小孩子放學回家拉長了面，母親見狀便立即伴着他、擁着他，問他為何沒心機，發現他臉上有點紅腫後，更細心查問他是否被人欺負，讓他細訴苦情，更安慰他。小孩子很珍惜父母陪伴的時間，在難過的時間更想父母在身邊。你可以在憂愁的時候，陪伴自己，問候自己的心靈發生什麼事，安慰它，像父母在你身邊聆聽你一樣嗎？

清楚自己需要什麼

父母的責任是讓子女學習做決定、有選擇權，培養他們的能力。倘若你每天不曉得為誰辛苦為誰忙，又不太清楚自己實在想要什麼、喜歡什麼，請你多探問自己的喜好和心情，讓自己重拾生命的選擇權和話事權。不妨每星期、每月、每年為自己做簡單的計劃，了解自己有什麼想達到的事、有什麼理想。

每個被愛的人，都是愛自己的人。

拒絕佔有的勇氣：未相處先獨處

這裏有個疑難：既然一個人愛一個人，為何會想佔有對方，而不給對方空間？甚至不知不覺間傷害了對方？那人不是自相矛盾嗎？

這是個很好的問題。一個人用心去愛另一個人，但是行為上卻很自我，自我得只為自己，忘記了別人的存在和需要。這方面，我要用精神分析心理學說去說明。

極端自我的情感狀態

精神分析學派心理學家梅蘭妮・克萊因（Melanie Klein, 1882-1960），提出了她的「客體關係」（object relations）概念。Object 的意思是他人，客體關係的意思是人與人的關係如何影響一個人的行為和思想。

克萊因的研究是從嬰孩身上發現。她花了很長的時間去觀察初生嬰孩（半歲以下）和母親的互動，得出一些發現：

- 在嬰孩的世界裏，極端地自我，因為他未發展出一種叫「外界」或者「他人」的觀念。我就是你，你就是我。我的需要，你要滿足。我餓了，你給我吃；我瀨了，你給我清理。
- 在嬰孩的世界裏，情感極端地分明。有時會想像母親是他的至愛，不可以失去她，想完完全全地擁有她。因為嬰孩潛意識地知道，離開了母親，他便難以自存。如果母親走開半步，嬰孩會感到極之焦慮不安，甚至對母親懷恨。
- 在嬰孩的世界裏，沒有「同理心」，不會站在母親的角度考慮，不會學懂體諒母親，不會學懂等待。母親要有求必應。
- 嬰孩基本上受身體需要及情緒主導，未發展出「理性思維」。情況好像第 2 章提過的「情感衝動」，主要受情緒影響思維和行為。
- 母親對他的反應會影響嬰孩的安全感和存在感，因為母親對他的反應表達出嬰孩是「存在於」母親的心中

眼中，嬰孩是「被看見的」。這也進一步解釋了第 1 章談到的存在感。

愛令你變 BB

你會問，討論戀愛，為何我們要了解嬰孩。聽到上文嬰孩的反應，包括依賴、抓着不放和怨憤等，你或許聯繫上一個很「自我中心」的人，兩者其實都源於害怕失去，失去像「比死更難受」的感覺。**在客體關係理論上，當人在焦慮當中，或者在長期不受關愛的環境下成長，有時會引發出以上的「嬰孩反應」，或者叫做倒退（regression），變得非常自我，目空一切，缺乏同理心**，是潛意識的行為。看看以下對比：

- 我發了一個訊息，想要立即獲得回覆，否則是不尊重我；
- 我想你出現的時候，你要出現，否則你就是不夠重視我；
- 我的一切大小事務，你要着緊，否則等如你已經忘卻了我；

- 你不會有拒絕的理由，所有理由都是藉口和拒絕；
- 當你忘了我，拒絕我，我會極度傷心崩潰，會發更大的脾氣，讓你知道我多麼心碎；
- 當你忘了我，拒絕我，我會設法去懲罰你，傷害你，讓你知道我有多痛。

這些行為不代表你不愛情人，但卻是無意識的，就是在潛意識裏，愛裏有成長中未解的毒素，有那個未成長的嬰孩（inner child）。愛與恨，混在一起，交纏不清。是存在感出了問題。

再者，你可以用上一章那「情感衝動」去形容以上概念，情感的需要得不到滿足，就要向外求。但程度上，那種「嬰孩式」的自我中心，殺傷力和傷害性很大。理性嚴重地受感性控制。請你知道，這是一種潛意識的運作，他們在理性上未必完全掌握的，當然會很痛苦。

勇氣在於情感獨立

這本書的主題是「成長」。面對以上狀況，解答也是成長。但一個人隨年紀長大，不代表一定會「成長」。

記得第 1 章談到的威尼科特（Donald Winnicott）嗎？他的理論主要環繞成長的課題，而他說的成長是有關獨立（independent）。他說的獨立不是指生活上的獨立，可以自己照顧自己，而是情感上的獨立。

什麼是情感上的獨立？以下是一些指引：

- 情感上的獨立是邁向性的（progressive），即是一生之久的功課；
- 情感上的獨立是有關「程度」，而非「有」或「無」；
- 在焦慮的時候，可會按捺得住，不完全受情緒打擊，作完全非理性的行徑；
- 在焦慮的時候，會稍稍有份安全感，知道自己並非完

全沒價值、不被愛（參考第 1 章的「抵禦寂寞的勇氣：找回你的存在感」）；

- 懂得在別人的位置想，類似同理心的概念；
- 懂得分辨：我是我，你是你，不把別人據為己有，不強迫別人完全跟隨己意（這也是出於同理心，明白他人有他人的限制和範圍）。

這個概念跟之前提到的「存在感」息息相關。一個有存在感的人容易培養出一份情感上的獨立。那麼你會問，如何達到？以下有四道反省問題：

- 你是否只從情人身上得到你人生的快樂？
- 你是否只從情人身上得到肯定？
- 你的感情關係就是你生命的中心點？
- 你是否容易妒忌？或妒忌心很重？

如果以上問題你都回答「是」，你可能與情感獨立，還有一段距離。以上問題提醒我們要增強自我價值，而非單單從別人身上獲取肯定。別人可給你的肯定確實比你能給自己的肯定少。你可能很少如此想，或不敢去想：你對自己很重要。

德國詩人萊納・瑪利亞・里爾克（Rainer Maria Rilke, 1875-1926）曾說過一段語重心長的話：**「婚姻（或愛情）不能拆掉所有人際界線，純粹製造簡陋的共通點（quick commonality）。相反，婚姻（或愛情）是邀請對方幫忙去守護各自的獨立性（solitude），因而向對方展示無比的信任……戀人要意識到即使在最親密的關係中，也應該存在無限距離，欣賞彼此廣闊的空間，最後就可以成長，並發現生命中的無窮精彩、關係中的遼闊天空。」**

「成長」為了「發展關係」，「發展關係」為了「成長」，兩者息息相關。

檢視你的接收和付出

一個思想和情感獨立的人，較能收能放，即接受他人的付出，也向別人付出。之前我們一直都說，感情是雙向的，是互相的，是互補的，是一個互動而彼此調校的過程。

嘗試回答以下問題，了解自己會在哪方面停滯，可能是在成長中的缺乏，令你難以「放手」，抓緊不放。

接收：

- 一旦情人不能滿足你，內心會有怎樣的不安？
- 一旦情人不能滿足你，你可以存活，可以獨立嗎？不能夠的原因是什麼？
- 一旦情人不能滿足你，自己可以抒解嗎？有自救的方法嗎？可以找朋友抒解嗎？不能夠的原因是什麼？
- 成長中，你比較深刻的接收是誰給你的？那是什麼？

付出：

- 了解自己喜歡情人什麼？他或她值得你付出嗎？
- 你願意為你的情人付出什麼，付出多少？
- 不能付出的是什麼？不能付出的原因又是什麼？害怕什麼？
- 成長中，你比較深刻的付出是給誰的？那是什麼？

讓天使做回天使

有一個凡間女子和一位天使相愛，天使每天都飛來飛去，也會抽出時間來陪她。有一天，天使對女孩說：「如果有一天，妳不再愛我了，我便會離開妳。因為有愛，我才能繼續活下去，當妳不愛我時，我都無法留下。」女孩回答天使：「我會永遠愛你！」

一開始他們的日子過得很幸福，但日子久了，女孩開始不安、沒安全感，她總覺得天使會有一天離開她，飛到另一個女孩身旁。於是有一天女孩趁着天使睡覺的時候，把天使的翅膀藏起來。

天使醒了之後生氣地說：「把我的翅膀還給我，為什麼要這樣？我不能飛，做不成天使了。原來妳不愛我！」

「我沒有，我還是愛你的，我沒有藏起你的翅膀，真的，相信我好嗎？」

「你騙人，我不相信妳了，我感覺到你不愛我。」當天使在女孩的櫃子裏找出翅膀後，就頭也不回地飛離她。

女孩每天都很難過，也很懷念那段曾經美好的生活。女孩很後悔，心裏不斷地懺悔着：「縱使我是多麼的愛你，也不可以剝奪你自由飛翔的權利，是嗎？」

印度詩聖泰戈爾（Rabindranath Tagore, 1861-1941）曾說：「愛不是佔有，也不被佔有，愛只在愛中滿足」。愛一個人，不是滿足自己，而是雙方都可以滿足；要令對方做回自己；要給對方足夠的空間，讓彼此都可以喘息。

第 4 章

建 立 親 密 的 勇 氣

戀愛，是心靈上赤裸裸地站在對方面前。

擁抱，包括身體的和心靈的擁抱。

擁抱，是承載對方的痛和情感。

當你擁抱着對方，其實也被對方擁抱着。

由濃轉淡，只有無奈

May 和 Dave 拍拖五年。他們在大學時認識。起初，Dave 熱烈地追求 May，花了很多心思，很關心她。在學校裏，他們幾乎天天相見，有說有笑，令 May 感覺這段關係很穩定，很有安全感。

當大學畢業，大家各自找到工作，而工作地點和環境都不同；加上，各有各忙，為事業奔波，又開始進修，假期都是用來溫書和做功課，見面的時間就愈來愈少。有時，可能一個月只能相見三四天。而且，大家的共同話題愈來愈少，只是稍稍交代大家做過什麼便算。

May 很想維持天天可以通電話，可惜 Dave 不喜歡傾電話，只會在 WhatsApp 交代兩句，除了工作、社會事件外，已經沒什麼好談了。May 漸漸發覺，自己跟其他朋友的溝通比與男友更廣更深，彷彿 Dave 已經不再明白她想什麼。

有時，May 會嘗試主動約會，Dave 卻會諸多藉口，說忙說倦，不願出來。他沒有興趣認識 May 的朋友，也甚少介紹自己的朋友給 May。難怪他們甚少羣體活動。久而久之，他們出街就只是吃一頓晚飯，飯後便回家。即使遇上假期，都未必一定會約會。因此，May 也選擇約自己的朋友。

May 曾經向 Dave 提出過以上問題，可是 Dave 一味說沒問題，關係久了便如此，始終沒意欲處理。今年，Dave 甚至忘記了 May 的生日，沒有預備蛋糕和禮物。其實 May 不強求什麼禮物，只需要一聲生日快樂，將她放在心上而已。到了第二天早上，Dave 才猛然醒起，在 WhatsApp 補祝一句生日快樂。但 May 的心已淡了。

漸漸地，May 感覺大家愈來愈疏遠。她看見 Dave 彷佛一切如常，可能他喜歡平平淡淡、穩穩定定的愛情吧，懷疑是否自己出問題？是否自己想得太多，要求太高，不夠體諒？很多人說，拍拖太久，由熱情變到老夫老妻好正常；你要跟他一生一世，就要接受。真的嗎？

May 有很多不明白，卻沒勇氣去面對。

愛情只能變感情？

這一章談到感情和關係的經營，重點是討論如何建立親密。親密是指天天相見，什麼事都一起做，或者對方什麼事都要關心？其實，心理上的親密才更重要（不是說身體上的親密不重要）。有時候，當感情變淡，很可能是心理的距離愈來愈遠，無法親近。May 受「由熱情變到老夫老妻好正常」這句話困擾着，其實，老夫老妻並不代表失去情感上的親密吧！

請繼續聽 May 和 Dave 的故事。

半年後，May 以低沉的聲線向閨蜜說：「我剛分了手。」

閨蜜感覺突然，便接續問她：「發生什麼事？」

她哭着回答：「他說仍愛我，但當初的愛情變成了感情，他已經把我當成家人，而不是情人。我真的不明白，他愛我，我也愛他，為什麼要分手？」

閨蜜沉默良久。

她吐了一口氣，說：「命運吧！」

感情的死因是命運嗎？大抵，是懶惰吧！

老夫老妻

熱戀期過後，三年五年八年，就難以維繫愛情，因此宣佈關係已經進入「感情」，離開「愛情」……感情轉淡了，變成了老夫老妻——

- 約會時不是看電影就是逛街購物。
- 見面時，老是你看你的手機，我看我的雜誌。
- 吃飯時老是走進那幾間熟悉的飯店，吃同樣的食物。
- 話題老是你的工作、我的工作。
- 老早失去想見面的期待。
- 老早喪失心跳的感覺。

愛的惰性

很多情侶，都有種惰性。惰性何處來？

當日子久了，關係穩定，以為不用擔心你愛不愛我、以為對對方已經很熟悉，以為相處已建立起一份默契，安定地上了岸，就懶惰起來。

不過，**懶惰背後可能是本身的性格使然，又可能因為變了心，更可能是一些成長中的創傷，以至經常惶恐無法維持一段關係；或者，有些人對自己認識不足，在關係裏不知自己想要什麼，不經意地就懶惰起來，漸漸失去動機和動力。**自此，關係不進則退，漸漸轉淡。雙方以為熟悉，實在陌生；以為親近，實在疏離。

勇敢地重尋愛的味道

愛情長跑，二人走到樽頸位，已經分不清感情是昇華了，還是變質了。總之，感情變淡，平淡如水。

我沒有說平淡不好，但感情需要保鮮。情人要重尋愛的滋味。這是不易。人的惰性、人的害怕（對方反應）會令人卻步，止住再重建關係。所以，我們需要一份勇氣，就是「為雙方好」的動力，

愛情包含不同的味道，這些味道使人產生被愛感、滿足感、能力感、優越感、投入感、獨特感、新鮮感、刺激感、好奇感……只有複雜的味道，才能刺激戀愛的味蕾。你的味蕾是否已經失去味覺呢？你要刺激刺激。

製造浪漫

什麼是浪漫？有人以為送上鮮花、漫步沙灘、雨中二人同打着一把傘……這只會令男生感覺浪費和無聊。其實，浪漫不須奢華，也不須模仿電影情節。浪漫是在平凡生活規律中發掘獨特和驚喜。包括要在沉悶中尋找新鮮感，就是雙方一起發掘新興趣和事物，同時要令情人感到自己獨特和被重視，例如：

- 相聚時要有優質的時間，或深入交流，或製造難忘的回憶。
- 在平常做的事或去的地方找出新意義，如訂定紀念日子和記號，或給對方一個新期望和承諾。
- 間中邀請其他人或情侶加入你們的約會。

追求「進步」

女孩子樂見自己的男朋友愈來愈成熟，愈來愈懂得與自己溝通；男孩子樂見女朋友多一點見識，愈來愈懂得打扮。當二人各自在「進步」，關係也同樣在昇華。

擺脫疏離

要修補關係，就要擺脫因單調、枯燥、乏味而產生的疏離感。要擺脫疏離，就要擺脫惰性，積極不斷地檢視關係和增進親密；人不能靜止不成長，關係亦然。

檢視關係

- **檢討：**協議定期檢討彼此的關係，例如對對方的感覺、欣賞和感謝對方的特點、有沒有得罪對方之處、關係中不滿足之處、約會相處的新點子等。
- **表達：**平常日子的表達可能你感覺做作或者唐突。我會建議情侶善用情人節或周年紀念日，不光是吃飯慶祝，更重要是溝通分享大家的檢視發現。另外，於對方的生日，不一定要送禮物，不如寫一封信、一首詩去表達愛意，或分享一個內心小秘密等。

建立親密

建立親密的要訣是增進彼此的回饋性（responsiveness），例如：

- **支援：**幫助對方、服務對方、支援對方完成他或她認為重要的事。
- **支持：**了解和支持對方目前的理想和目標，讓對方達成心願，樂見對方生命有成長。
- **共同：**嘗試一起投入做一些事，特別是浪漫的事、新的事物，例如學習新事物、新運動，研究有趣的題目，做有意義的工作等，之後彼此交流心得和體會。
- **陪伴：**在對方感到懊惱時，願意花時間陪伴、聆聽，而且陪他或她一起懊惱。

對於以上的事，你或會感到瑣碎、重複。很多時候，當你懂得看重微細的事，反而令對方感覺你看重他或她。

當你們願意彼此回饋，便能共創關係的深度和闊度，漸漸產生一種共同性（togetherness），擺脫疏離。

愛，不單是頭腦上了解情人，也不單是心中存有愛的意念，
而是願意不斷以行動，與對方合而為一。

勇敢說「我愛你」

你記得上次向情人說「我愛你」是何時？一天前？一個月前？一年前？去年情人節？初相戀時？

男人會覺得說「我愛你」肉麻，女人會覺得說「我愛你」是男人的職責。結果，情侶在熱戀期過後，再不會提起這難以啟齒的三個字。原來很多人不但甚少對情人說我愛你，而且愛得也不夠。

究竟愛要怎麼說呢？我曾在網絡上讀過兩則有關「我愛你」的發人深省的故事，想跟你娓娓道來。

「我愛你」不是三個字

我看過一張照片，照片上是一對年逾六十的老夫妻。年老的丈夫背着行動不便的妻子，在山徑上蹣跚而行。照片上的文字寫着：

他們一起燒飯，一起種田；
他們一起談笑，一起打情罵俏；
當妻子倦了，丈夫立即奉上熱茶；
當丈夫倦了，妻子立即替他按摩；

丈夫在山徑上看見燦爛的鮮花，就摘下來插在妻子髮上；
妻子為了丈夫，會花上數星期為他編織毛衣；
丈夫一見妻子便笑逐顏開；
妻子見了丈夫便莞爾……
他們從來不懂向對方說「我愛你」，卻懂得愛對方。

原來，「我愛你」不是三字口訣，而是表達、行動和相處。

五種愛的語言

談到愛的表達，不能不提由暢銷作家巧門（Gary Chapman）所寫《愛之語》（*Five Love Languages*），作者為我們介紹五種既平凡又珍貴的愛的語言：肯定的言詞、精心的分享、情意的禮物、貼心的服務和溫馨的觸摸。上文故事中的一對老夫婦就時刻細訴這些愛的語言。

肯定的言詞

表達方向：感謝、肯定、激勵和欣賞。
例子：「真棒！」「太好了！」「多謝你！」
愛的心法：你發現你從沒選擇錯，已經擁有世上最值得你愛和付出的人。

精心的分享

表達方向：與對方一起花時間，全心投入做一些事，享受一起的時光。

例子：慢慢吃一頓飯，邊食邊分享；到海邊看夕陽或散步。

愛的心法：世界上最動人的情話，不是「我愛你」，而是在情人需要的時候，你會說 “I am here！”。

情意的禮物

表達方向：物輕情意重，不是禮物本身，而是代表你留心對方的需要。

例子：看到對方的需要，然後準備一份合適的禮物。

愛的心法：你最想見到的，是情人看到禮物時，臉上很窩心的樣子。

貼心的服務

表達方向：樂意幫忙和分擔。

例子：幫忙打掃或做跑腿。

愛的心法：你最怕情人辛苦，願意為對方承擔。

溫馨的觸摸

表達方向：不同程度的肌膚接觸。

例子：一個溫馨的擁抱。

愛的心法：你想想與情人藉身貼身，也心貼心。

愛的語言是度身訂造的，當中的秘訣是通過溝通和觀察，發掘情人最喜歡接收的語言，之後不吝嗇地表達。

表達「我愛你」要及時

這是另一則故事。一對年逾六十的老夫妻，結婚多年來都爭吵不休，當兒女長大成人後，決定要辦離婚。

辦完手續後，律師請三人一起吃飯。當服務員送來一隻烤雞，老先生馬上挾起一塊雞腿給老太太，說：「吃吧！你最喜歡吃雞腿。」老太太突然感到詫異和感動，眼睛開始紅起來，卻佯作不服氣地說：「你這個人從不顧我感受，又不會關心我。你豈不知道我最討厭吃雞腿嗎？」這時候，老先生開始哽咽說：「你……又豈能了解我愛你的心，時刻都想着討你歡心；只是有時見你來勢洶洶，所以不敢表達。其實我總會把最好的留給你，你知道嗎？我最喜歡吃的就是雞腿。」

老先生這晚徹夜輾轉難眠，終於忍不住打電話給老太太，想要告訴她多麼的後悔，多麼的愛她。電話聲響了，老太太雖然猜到是老先生來電，但心中仍然充滿怨恨，一直不願接電話。

當晚，老先生心臟病發，倒斃在電話旁。老太太接到消息後，肝腸寸斷，更怪責自己竟然為了賭氣，讓深愛的人在心碎中死去。當她整理老先生的遺物時，突然發現一張保險單，投保日期是他們結婚的日子，受益人是她，當中夾附一張字條，寫着：「親愛的，當你發現這張保單時，也許我已經不在人世，但我愛你的心永遠不改變……」

讀到這裏，老太太早已老淚縱橫，串串眼淚，陣陣遺憾。

這故事提醒我們：千萬不要使生命留有這樣的遺憾，放下無謂的面子、成見和執著，不要錯過每個向情人真心表達「我愛你」的機會。

愛一個人，不會嫌愛得太多，只有愛得不夠。

關係變得膚淺

May 和 Dave 的例子說明，如果沒有經營關係，關係會枯死。很多時候，人會“take it for granted”，即慣了便算。

一對男女從中學認識然後相戀，拍拖七八年。女孩子考上大學，畢業後找到一份好差使，男孩子完成中學就進入社會工作。男孩子思想比較簡單，認為人想太多只會自己抓狂；女孩子卻喜歡思考、為將來打算。漸漸地，她發覺男朋友已經沒興趣、沒耐性聽她的感受和夢想。每當她想說一點「正經」話題，他都會很快打岔，接着談論其他不着邊際的事，例如身邊朋友發生的瑣碎事、最近的流行玩意、娛樂圈話題等。更甚者，他們約會時，他只顧把玩手機，她就忙於自己的事務或沉思。

她怪責他不願溝通，他否認沒有溝通，反駁說有時不明白她在想什麼，對她的工作和未來大計也沒興趣。她開始感覺這段情食之無味，棄之可惜，很苦惱地問：「究竟如何能一直愛得轟轟烈烈？」

不用轟轟烈烈，但要徹徹底底

愛得轟轟烈烈只是電影的情節，將一幕動人的片段無限發揮、無限擴大，增加故事的張力和感染力。現實中的愛情會有轟烈的一刻，但不是每天都愛得要生要死、至死不渝。

沒有轟烈地愛也不代表關係要平淡和表面。即使情侶已經拍拖一段日子，不再停留在表面關係，可是二人仍有機會感到關係不夠深入。拍拖生活就是行街、睇戲、食飯。有交往，沒交流，既不是好朋友，又不是親密愛人，是對有名無實的情侶。

戀愛關係的深度在於二人在精神和情感上的交流，是否向對方徹底地交出一顆心。

你當初承諾願意向情人分享你的「一切」，有否包括你的內心世界呢？**「親密」英文是 intimacy，拉丁文就是 intimus，意思是「最深處」。因此，真正的親密是敞開心靈最深處讓對方進入，是心與心的交流與連繫。**

溝而不通，有愛而無情

我見過不少溝而不通的戀人，天天對話，但心靈不能互通；有愛而無情，口裏說愛護對方，卻沒有情感支援。問題在哪裏？

距離遠

女人普遍天性愛表達，男人愛思考。可是，女人說得太多，男人又不易抓住重點，更難說如何交流下去，溝通難。

時機錯

當你想跟對方認真談心，卻找不着好時機，可能對方一時太忙，或怕加重對方負擔，寧願閉口不說，有苦自己知。

表達難

很多男孩子從小缺乏表達感受的習慣和練習，以為分享情感事是女性化及迂腐婆媽的行為。

關係疏

有些人從來不會接觸自己的內心世界，對自我的感受很麻木，情感單薄，對很多事都是「沒感受」、「沒意見」、「沒什麼大不了」，這比不表達更糟。想像一下，他們有什麼可向情人分享交流呢？

勇敢去接觸情人，接觸自己

我覺得最重要，也可以是最根源的問題所在，就是你與自己的關係。

我說接觸自己，其實是接觸自己內心的感受。只有感受才可以帶領我們走入心靈底層。你或許聽到「接觸感受」這個詞，但感到陌生，這是因為你一向甚少接觸。試從以下方面着手：

1. **當你遇上困擾煩惱時，你可以感應到這種感覺**，對自己說:「的確有點煩惱！」然後至少容許自己輕輕歎一口氣。

2. **你可以分辨和說出內心不同類型、不同程度的感受**，不論是正面或負面的，可以考慮從輕微的開始。以下是四大負面情緒：

類型 / 程度	憤怒	恐懼	罪疚	羞恥
輕微	輕微搞擾	顧慮	自我警剔	尷尬
	煩擾	憂心	自責	不能自辯
中度	不悅	警覺	懊悔	蒙羞
	憤怒	害怕	內疚	自覺可恥
強烈	烈怒	恐慌	控訴自己	鄙視自己
嚴重	狂暴	驚駭	強烈譴責自己	羞辱自己

3. 即使你現時未能掌握和確定自己的感受，亦可以**向情人表達自己有這種困難**。

4. 你要有準備，向情人表達感受後，**要面對和承受對方因應這種表達的任何反應**，包括替你擔心或指責你。

5. 你只要純粹表達感受，**不用太快對事對人下定論或批判**，可以稍後才說出感受背後的原因。

當你讀到這裏，可能感到接觸感受是一門大學問。其實，這不是學問，不過是一種生活和人生體驗，也是一種人與人的心靈連繫；讓對方體會你的脆弱，有機會參與你的生命，有機會「愛」你。

能夠向情人溝通情緒感受，會增進一份「同在」(presence)的感覺。

讓情人既是你的情人，也是你的知心友。

勇敢讓人進入內心世界

你想滿足你的情人的需要嗎？你做到以下清單嗎？

男朋友	女朋友
1. 提款機	1. 在朋友面前炫耀
2. 電子產品維修	2. 私人秘書
3. 出氣袋	3. 心理輔導員
4. 伴遊或飯腳	4. 伴遊或飯腳
5. 司機	5. 鬧鐘
6. 保安員	6. 天氣報導員
7. 你的肩頭是她的枕頭	7. 備忘錄
8. 手袋掛鈎	8. 按摩師
9. 解讀說明書	9. 解決性需要
10. 避開其他追求者的擋箭牌	10. 家務助理
11. 避開情人節時單身的寂寞或尷尬	11. 避開情人節時單身的寂寞或尷尬
12. 清理吃剩的食物	12. 應付或應酬你的媽媽

以上內容一半開玩笑，一半真實。很多人想情人帶給自己無窮快樂，滿足自己所有需要。或許你不是這種人，不用情人滿足你物質上的需要，但你仍然想他或她滿足你精神上的需要。可是，我對你說，情人不但未能滿足你精神上的需要，更不一定令你常常快樂。

情人想給你幸福，卻走不進你的世界。其實你的情人很希望明白你，讓你快樂。可是，他們總是對你所思所想摸不着頭腦。為什麼？

兩種慣性表達

人大概有兩種表達方式。

新聞記者

第一種是這樣子的：「今天我本來高高興興上班去，也不算太忙。可是，午餐後，上司突然召我入他的辦公室。他先談到最近的生意差了。不料，他突然指着我，還罵我不思進取，表現差勁。他的腦袋簡直有問題，或許他昨晚給太太教訓了一頓，現在拿我出氣。真的不知所謂！」

你聽到什麼呢？盡是事件的經過。事實上，這類人的記憶方式都是循着事件經過發展，所以慣性表達都是有關事件的過程。

感性的人

另一種人是這樣：「我上司是個笨蛋！」他們的記憶是概括和抽象性的，省略了所有細節。你會發現，兩者都沒有提及他們在事件上的感受，叫情人如何明白自己的心情呢？

男女思考差異

男性普遍比較理性和分析性，對於女朋友分享的東西，會立即亢奮地分析，給予意見。他們認為表達情緒是多餘和浪費時間的，所以會阻止女朋友繼續發洩情緒。這時候，女孩子當然感覺不被聆聽、對牛彈琴。

而女性普遍比較感性和重關係，對於男朋友分享的內心困難，立即表達她「自己」的感受，卻沒有反映對方的感受。這時候，男孩子可能感覺分享了也無補於事，而且反被她「批評」。以上的差異，令雙方容易感覺不被明白。

猜・情・尋

最後一個原因，是有人以這個為一種感情的手段。**有些人會刻意不表達自己的感受，要情人去猜去估，藉以偵測對方有多愛自己，多重視自己。**這種情況特別容易在衝突時發生。例如：

男：「你為何面色如此難看？」

女：「難道你不知道嗎？」

男：「你不說，我怎知道？」

女：「你連女朋友想什麼都不知道，沒做男朋友的資格。」

男：「我難道是你肚裏的蟲嗎？」

女：「你竟然沒有動機去令我開心過來，真窩囊！」

男：「我沒動機……？」

或許你都覺得這位男朋友很無辜。在這種愛情「猜情尋」的把戲上，只會增加誤會，令雙方不歡而散。

勇敢地邀請情人參與你的快樂工程

第一步，讓情人走進你的內心世界

那麼你先要改善自己的表達方式，令對方更明白你。較好的表達方式是表達你的「經驗」。經驗包括你在事件中的經歷、思想、觀點、感受和反應。例如：

經歷

今天早上工作不算太忙。但午餐後，上司突然召我入他的辦公室。他首先談到最近生意差了。不料，他突然指着我，還罵我不思進取，表現差勁。

思想

我不明白他為何如此對待我。

觀點 我認為他誤解我，或者在找代罪羔羊。

感受 他令我很生氣，我覺得很無辜。

反應 我真的想立即辭職，可是我又不能太魯莽。

你可能很驚訝：「表達要如此徹底嗎？」但我問你，如果你不能深入分享，如何教情人認識你和認同你呢？

第二步，讓情人支持你

愛不是一種炫耀、不是一種消費、不是一種解決方案，也不是心理輔導，所以——

- 當你失業，情人不會給你工作。
- 當你怕孤單，情人不會二十四小時在你身旁。
- 當你與父母關係差，情人不是你們之間的調解員。
- 當你遭上司責備，情人不會完全放下理性，陪同你對上司破口大罵。

愛是一種力量，雖然不能解決所有問題，但可以給你力量去面對自己的問題。情人不一定可以拯救你，他或她只可以支持你，幫助你給自己快樂。所以，你的情人不會是萬能的，但他或她能夠——

- 在你沮喪時給你打氣。
- 在你哀傷時聆聽你。
- 在你有難時隨時候命。
- 在你犯錯時，不怕被你指責，堅持給你真誠意見。

這才是真正的幸福和快樂吧！

一個能令你內心強壯的人，
才會令你快樂。

聆聽，是最佳的親近方式

你知道很多人最討厭情人說的兩句話是什麼？就是「我是為你好」、「我都話過你」。這些話有何問題？嘗試看看以下兩個例子。

例子一

她自小與母親關係惡劣，平時甚少談話溝通。當男朋友到她的家作客，會感到難堪和不自然。他心裏想：「不論母親做錯什麼，始終都是母親，兒女總要孝順。」因此，他不斷游說她與母親復和，或勸導、或督責，直至女朋友生氣了，便說：「我都是為你好！」

例子二

他正在儲蓄置業和結婚，同時一直積極投資。但女朋友是個保守的人，一向都不贊成投機，所以經常在他耳邊嘮嘮叨叨，指指點點。一次，他在投資上有一點損失，她竟然向他大發雷霆，說：「我都話過你！如果你不懂投資，就不要亂來。」於是他興沖沖地拂袖而去。

原來有時情人可以好心做壞事，情人不但不接受你的「忠言」，反而覺得你很厭煩，好像詆毀他。當他生你的氣，你就更覺不甘。最後，關係不進反退。

問題出在哪裏？是聆聽不足，甚至沒有聆聽。

為何不聆聽

你提醒情人，是反映你對他的着緊，本是沒有錯，因為你愛他，希望他快樂，自然擔心情人招損，怕情人受傷。因此，當情人向你傾訴一些難處或困難，又或者你觀察到問題即將要發生，你便按捺不住，發表一點「意見」。有時，不知為何，情人竟然拒絕「接收」你的好意，你就感到對方不領情。

有趣地，當我們愛一個人，每當緊要關頭，「母性」和「父親威嚴」就不知從哪裏跑出來，忘卻情人也是個有思想的成年人。

我沒有質疑你的動機，你的動機絕對是良善和正確的。不過我邀請你站到另一個位置，想想情人的感受：

- 對方可能感覺自己很愚蠢。
- 對方可能感覺自己似個無知的小孩子。
- 對方可能覺得你的意見是命令。
- 對方可能覺得被責怪。

原來，情人不接受你的「意見」，並不是質疑你的動機，而是感到你沒有尊重他，結果什麼意見都聽不進去。

聆聽是最大的幫忙

保持沉默不是幫忙，聆聽卻是最大的幫忙。當情人遇上困難，他們最需要的是你在身邊，細聽他的感受。大部分人如果可以保持理性，都能夠處理自己的問題。但當他們被情緒困擾時，他們最需要的是情緒支援。

聆聽，就是最好的情緒支援。

這方面，男人和女人有點分別。男人通常希望有點個人空間去冷靜一下，而女人會希望男朋友立即待在身邊。總括而言，聆聽有以下要點：

細心聆聽

細心的意思是細緻地了解情人的感受、事情的經過，及對他或她的心情或實際影響，可能是苦惱、擔憂或恐懼。如果對方不能自然表達，可以細心地慢慢引導他。這方面可考驗你的耐性。

專心聆聽

專心的意思是不帶批判的聆聽，不被對與錯、事情的結果干擾你的心思，只關心對方情感上的負擔和傷害。這方面考驗你要放下自己。

用心聆聽

用心的意思是「聆聽」自己內心的感受，例如着緊和擔心。慢慢向對方分享你的感受，目的是讓對方感覺你會不離不棄，無論結果如何都支持他或她。你對情人的「愛」比「意見」更能向對方輸送正能量。

說的容易，做的難。聆聽的功課易學難精。有時不是你不想聆聽，而是你實在太着緊了，內心催促你不吐不快。後頁附載網上的輕鬆小測試。要學習聆聽，以下有些心法介紹：

- 未說出你的意見之先，思想你準備要說什麼；
- 想想你說了出來，對方會有什麼感受和反應；
- 想想對方是否真的不知道你的意見，或者對方都曾經想過；
- 問問對方：「你想不想聽聽我的意見，還是有話要說？」；
- 如果對方說暫時不想聽，就最好暫時不說，邀請對方繼續分享。

這種做法其實就是第 3 章中提過的同理心，就像嘗試穿上別人的鞋子，感覺他人的感受和經驗。鞋子大小不適合你的腳時，也要一點忍耐。

掌握適合時間

人長大了，慢慢學會解決問題（problem-solving）的技巧，然而也太着重解決問題，忽略了聆聽和情感的撫慰（emotion-soothing）。聆聽，其實是你對他或她的態度。

很多時候，當情人的心情平復，恢復解難能力，才能打開耳朵，理性地聽聽你的意見。這是時間（timing）的問題。或者，當你準備要發表意見前，請先問問：「我有些意見，你現在想聽嗎？」如果對方暫時未準備好，請你尊重。

你會聆聽嗎？

① 無論是平靜還是爭吵，你會克制自己不打斷對方的講話嗎？

完全可以 → **3 分**

偶爾可以 → **2 分**

不能做到 → **1 分**

② 在跟別人談話說，你所說的話總是你內心所想的嗎？

是的 → **3 分**

偶爾 → **2 分**

不是 → **1 分**

③ 假如你邀請朋友去你的家裏作客，但是朋友突然帶來一位你不喜歡的朋友，你會怎麼做？

暫時忍耐，等以後再把情況告訴對方 → **3 分**

把你的感覺完全隱藏着 → **2 分**

表示很驚奇 → **1 分**

④ 在你與朋友談話時，能保持不分心嗎？

完全可以 → **3 分**

偶爾可以 → **2 分**

難以做到 → **1 分**

⑤ 你覺得和別人說話是不是很困難的事情？

不是 → **3 分**

偶爾 → **2 分**

是的 → **1 分**

⑥ 當你受到別人批評時，你會怎樣做？

虛心聽取批評的理由 → **3 分**

暗自查明受批評的原因 → **2 分**

找個機會報復 → **1 分**

⑦ 當你覺得對方的談話與你持不同意見時，你會馬上搖頭反饋嗎？

不會 → **3 分**

偶爾 → **2 分**

是的 → **1 分**

⑧ 別人有沒有對你說過，你總以為你是對的？

沒有 → **3 分**

偶爾 → **2 分**

是的 → **1 分**

⑨ 對於自己的某些糗事或者特別失敗的事情，你會怎麼做？

只要別人感興趣，直言不諱 → **3 分**

談話的時候如果提及，就順便說 → **2 分**

絕對不會對任何人說 → **1 分**

⑩ 當你跟別人聊天時，是否總是有不少動作，比如撓頭，蹺二郎腿，前後挪動椅子？

從來沒有 → **3 分**

偶爾會有 → **2 分**

經常這樣 → **1 分**

⑪ 當你無意中傷害到對方，你是否會道歉？

會的 → **3 分**

偶爾 → **2 分**

不會 → **1 分**

⑫ 當在公司團體或者同學聚會時，你通常會怎樣表現？

總是想領導大家討論 → **3 分**

只有在擅長的領域才討論 → **2 分**

討厭在這種場合說話 → **1 分**

測試結果：

12-18 分 **聆聽能力** ★★☆☆☆	你的聆聽能力很差，可以說是不喜歡交朋友，不懂得怎麼跟別人相處。這是你的性格所導致的，你社交成熟度低，有很強的自我意識，處處想要展示自己的個性，想要突出比別人要強，情緒波動很大，無法適應團體生活。這是因為你還沒有學會傾聽、溝通和適應。跟別人交往時這三點是非常重要的，這也是建立在互相尊重、理解與包容的基礎之上。

19-24 分 **聆聽能力** ★★★☆☆	你目前的聆聽能力勉強算是及格吧！其實你懂得如何傾聽對方的說話，但是你很多習慣已經養成了，一時間難以改掉。溝通能力也欠缺，或許是語言的組織能力有問題，但是你的內心還是蠻客觀的。適應能力是差了點，需要不斷的提升自我，多鍛煉鍛煉，就會逐漸養成一個好習慣了。其實做人就是這樣，互相將就將就。

25-30 分 **聆聽能力** ★★★★☆	你目前的聆聽能力已經比較不錯了，懂得如何處理複雜的人際關係，能夠適應各種社交環境，你在朋友中也是屬於人緣比較好的。你給人的感覺很友善，適合交朋友，能夠把握好分寸，不會刻意為難人。別人跟你在一起的感覺很舒服，這樣也會有利於你的事業發展。你內心也是很看重朋友之間的關係，能夠真誠的交流與溝通。

31-36 分	你目前的聆聽能力可以說是如魚得水，你在朋友圈中絕對處於領導地位。你總是能夠給人一種有原則，可以信賴的，值得交往的好朋友印象。你明白交朋友要真誠、坦率，不能夠太過虛偽。你非常看重朋友，他們有

聆聽能力 ★★★★★	事請你幫忙的時候，你也是很願意幫忙。所以，你的人脈很廣。

（資料來源：https://kknews.cc/psychology/mkzz4lz.html）

有時，你的耳朵比你的嘴巴更能逗情人歡喜。

欣賞情人，為對方增值

這本書談到很多有關自我價值的課題。每個人都需要被建立。可是，我們有時忘卻、吝嗇於欣賞對方。可能，我們怕讚壞情人，恐怕他或她一旦給寵壞了，就可能會得意忘形。

你怕——

- 對方以為自己已經達標，可以收工，不會再對你好。
- 對方知道你的底蘊或容易心軟的地方，將來可能用來操縱你。
- 讚得對方愈多，對方就會恃寵生驕，感到愈來愈優越，漸漸覺得地位比你高，你可能會「蝕底」。
- 讚得對方愈多，自己顯得愈主動，對方可能變得愈來愈被動。

情侶間的一場博弈

你看見嗎？原來情侶間的關係可以如施展一場鬥智鬥力的博弈，我防你，你防我；你進我退，你攻我守。

博弈的重點是要贏，起碼不要輸，想做贏家，不做輸家；看你的情人是一個對立的對手。這種滿有城府的交往心態，充滿計算和猜疑。這種關係很荒誕，沒有安全感，心靈怎可能親密。

其實，這種戀愛關係不是一種關係，是一種交易。在某程度上，與對方在一起只是彌補某種生命所欠缺的東西，每當在利益衝突的大前提下，這種關係便變成互相猜忌和利用。

我替人進行婚姻輔導時，看過不少夫婦在關係中爭鬥，範圍由金錢、兒女、家庭分工，延至牀上的性關係。**他們都在玩心理戰，不願向對方揭露底牌，不願說出心底話，甚至喜歡別人猜想**，例如：「我很在乎你」、「我怕失去你」、「我很欣賞你」、「你在我眼中是最好的」、「我一直很感謝你」等說話。他們心裏想，露了底就輸了；表現自己有需要，就顯得自己比對方卑微弱勢。

中國人本性普遍含蓄內斂，不想直接表達感受，對西方人常說“very good”、“wonderful”、“excellent”、“gorgeous”，感到誇張做作，認為感情交往要淡如水，不用刻意。對於相戀一段日子的情侶，更開始有老夫老妻的感覺，說話不要太着跡。

可是，這種博弈所招致的後果是：陌生感。一對戀人愈難說出心底話，就愈感到陌生。我不知你想什麼，不知你需要什麼，不知我這樣做會令你有什麼感覺。陌生感會帶來被動與麻木，失望與失落，猜疑與迷失，空虛與冷漠。無謂的博弈不僅是零和遊戲，更是雙輸行動，值得嗎？

讚賞情人其實是抬舉自己

我猜想你都不想發展這種關係，但有時你卻害怕被人佔了上風，無法掌握這段感情。你的確想獲得一種相愛的智慧。

中國古人有種智慧，叫「相敬如賓」，教曉情人、夫妻要彼此尊敬尊重、禮貌客氣、以禮相待，是一種美德，是一種相愛的智慧。

當你察覺對方的優點，或接收到對方的表示和好意，而能夠直接向對方表達一份謝意和欣賞，這是一種愛的回饋。這種回饋和交流其實是一種正能量的輸送，讓雙方吸收到愛的養分，有動力去愛對方及經營這段感情，結果是雙贏。

你恐怕一旦讚了對方，對方就被提升在你之上；但你有否想過，其實你同時在高抬自己，令雙方一起平等地升高，直達雲霄？

當你欣賞對方的時候，彷彿向全世界宣佈你沒有選錯人，等於往你面上貼金。你在對方頭上加冕讚賞光環，其實是替自己頭上戴上勝利的橄欖花環。

在華人社會，父母甚少讚賞子女，所以我們成長中最缺乏的是讚賞。情人是你最親的人之一，你給他或她的讚賞或感激是給對方成長的重塑，建構他的自我觀和身分。

愛情不是博弈，是場舞蹈

愛情是二人的舞蹈，一起隨着愛的節拍踏前踏後，舞影翩翩。這場舞，你們的舞步是如此跳出來的：

善良不猜度

你以善意待情人，欣賞感激他或她，對方會同樣以善意待你。坦蕩蕩的心令人最感輕鬆。

寬容不刻薄

多說幾句好話，不挑剔不刻薄，情人會覺得你更可愛，更想珍惜。

直接不繞圈

想得太複雜令你辛苦，說話轉彎抹角令情人猜來猜去，最終容易誤解你。對情人坦誠和直接的態度反而顯出你的坦蕩胸懷。

溫柔不代表軟弱

溫柔是一種力量和強韌，因為你已經看透了情人的好處和限制，心裏減少害怕，有自信維持這段關係。

以上的意見只是一些方向，重點是你要問自己究竟有多愛對方，以致你願意放下自己的「利益」或「強求」。

當你讚賞你的情人，實在是讚賞你自己。

勇敢說真心話

一個女孩子氣急敗壞跑來找我，她說一直有一件事情擱在心頭。她曾與之前的男朋友發生過性關係。分手一段時間，她結識另一個心儀的對象，是個基督徒。不久，他們開始發展起來。可是，當她想起自己的過去，怕對方接受不了自己不是處女，不能原諒她，此刻不如何是好：「一直隱瞞對方，還是他日想個藉口，對他說個大話？」

有時真的會遇着人生交叉點。本來不想向情人隱瞞，但又怕壞了大事。怎辦？

她很苦惱！為了保護自己和這段關係，她想撒謊。可是，她真的不想欺騙自己所愛。

你會給她什麼意見？撒不撒謊呢？細心想，情人為了很多不同原因，才迫不得已要說謊：

- 為了得到愛情，守衛自己想像中的愛情。
- 為了掩飾自己的過錯或羞澀。
- 為了避免不必要的誤會和麻煩。
- 為了防衛自我空間。

- 為了讓情人驚喜和快樂。
- 為了安慰你的情人。
- 為了掩飾過多的異性緣。
- 為了避免情人知道自己的軟弱，好讓吵架時可以擺姿態。
- 為了滿足強烈的佔有慾及妒忌心。
- 為了逃避愛情不再完美的現實，就自我欺騙。
- 為了報復對方曾經向你撒過謊。
- 為了不讓對方知曉你的底蘊，可以攻擊你。

以上原因，總的來說，分幾大類：

- 白色大話，想逗情人歡喜。
- 掩飾與逃避。
- 滿足自己的慾望。
- 反擊或攻擊對方。

你會看出，當中有部分是為了對方好、關係好，有人說:「夫妻呃呃氹氹便一世」，你逗我歡喜，我逗你歡喜。但是，有部分是為了自己，出於自我保護和自私。

謊話是感情的殺手

你當然並非感情的騙子，也不想傷害你的情人，只想維持這段關係，生怕真相會嚇跑對方。可是，謊言有如火舌，星星之火，可以燎原，令關係轉壞。

而且，說謊的人要編造謊言，然後又要以一個謊言掩蓋另一個謊言，是很痛苦的。想起情人被欺騙，更為對方心痛。

受騙的感受是怎樣的？

- 感覺被出賣。
- 感覺自己很愚蠢。
- 感覺很孤單。
- 感覺你不再重視自己。
- 懷疑你過去所有的話。
- 懷疑你將來的承諾。

說謊，是感情的殺手。在情人眼裏，說謊是一種背叛，感情中最為卑劣的行為。關係中的信任因此被徹底摧毀。

情人最看重的是：真

很多時候，情人因為情非得已，不得不說謊，怕面對揭穿真相的後果。正如上文提到的女孩子，她心裏的確忐忑不安。

當時，我想了一想，對她說：「如果這是真愛，他真的愛你，你便先要『真』。」

我建議她對男朋友說：「有一件事記掛在心頭的，我一直不敢告訴你，因為我怕影響我們的關係，甚至傷了你的心。我實在很愛你，不想你難過，也不想你離開我。我希望我們可以留一個月時間為這件事祈禱。如果一個月後，你有勇氣去聽去接受，我會對你說。可以嗎？」

一個月後，男朋友已經預備好去聽，更接受了她。雙方的信任昇華了。

以上例子可能包括：女孩子曾經墮胎或不能生育，男孩子曾經結過婚或有不光彩的過去等，所有都說明了情人要真，就要學習表達內裏的感受，及如何替關係、替對方着想。這種透明度可以提升彼此的親密關係。

不錯，「真」要冒險（take risk），因為你不會肯定對方的反應。我們不是要肯定對方的反應，而是要面對對方的反應，我們願意聆聽對方嗎？願意冷靜自己嗎？願意接受對方都有情緒嗎？

說了謊怎麼辦

如果說了謊，或者謊言被揭穿了，怎辦？

坦白！坦白招認，不要再迴避，縱然你要忍受被指責。

認錯！認錯的要點是明白和認同對方的感受。

忍耐！不要以為關係會立即和好如初，因為信任已經破壞了，需要很長時間修補。不要太快下判斷，認定對方不信任你。

避免！避免再撒謊，一次都不可以，因為對方對你的信任很脆弱。要以坦誠的表現再度贏取別人的信任。

其實，他或她最看重你的態度，從中反映有多重視自己。

真誠可以彼此感染，你對我真，我對你也會真。經得起考驗的感情，才是真愛情；經得起懷疑的心態，才是真信任。真正的戀愛，是心靈上赤裸裸地站在對方面前。

在愛人面前完全卸下偽裝，是真幸福。

網絡情緣，勇敢地按捺

網絡已經是繼語言、文字和身體之後，成為你與情人第四個戀愛溝通語言。你喜歡網絡，讓你隨時隨地，又快又準地跟你的情人 24 小時連線。而且，你喜歡的時候就可以上線（online），不喜歡的時候就下線（offline），隨心所欲。

可是，有了網絡，雙方失去私隱，而對你最大的誘惑，就是不停查察他的行蹤，不耐煩他慢了一點回覆你。而你在網絡後面，可能分不清真真假假。其實，網絡並不會令你變得全知、全在、全能，反而可能引起關係中不必要的誤會和猜疑。男女間可能在這虛與實，上線和下線之間捉迷藏。

現在，網上有很多交友 apps 和平台，可替代現實中未能及的交友圈子和範圍。有人非常相信網上情緣，聽過遇過不少成功例子；有人不太喜歡網上交友，可是無可奈何，已沒其他方法；又有人拒絕網上情緣，認為是虛擬的。無論如何，我們要認識，要反思一下。

網路情緣出沒注意

網路情緣有兩種：一種是由網絡認識，再伸延至現實的關係；另一種是一直在網絡上搞關係，遊走於文字與想像之間。

網路戀愛的吸引處是：浪漫、神秘、富想像。

每個人都積極建構一個設想中的「自己」，而且文字帶有無限想像空間和心靈穿透力，可以深入表達和展現自己某一面或某一層次的想法（例如心事、秘密、家事，甚至性幻想）。在很短時間內，你可能會感覺很認識這個人，心靈彷彿已經拉近互通。

而雙方在網絡上你一言我一語的延遲（delay）性質，不但增強雙方的期待感，更容易讓人製造巧合和默契的錯覺。這層次的交流真令人神往，但也是海市蜃樓。

海市蜃樓就是在沙漠中看見一個遠遠的綠洲，走近時會發現是另一回事。戀人透過網絡認識，繼而發展出「機」緣。當戀人從網絡走入現實，雙方見面和交往，很多時候一方可能感到一份難以形容的陌生感，另一方可能不願放手，想捉緊這機緣，就開始一場捉迷藏。更不幸地，我們在新聞看到不少網絡騙色騙財的事件。

可能，你不單要「帶眼識人」，更要「帶腦識人」。不是電腦的「腦」，是人腦的「腦」。**多加入理性、實據及旁人的意見，作為自己的判斷。**

以下是一些可注意的要點：

- 從線上線下了解對方：不但在平日溝通上了解他，也要查看他在其他網上社交平台帖文、有什麼朋友和經歷。也不忘要在線下親自認識他，跟他相處，先做朋友，全面地掌握對方。
- 揀有共同朋友的對象：最好雙方有共同朋友和圈子，這樣比較穩妥和可信，因為你可以有別人作參考。
- 留心約會的地點時間：不是每個人都是好人，要注意約會地點安全，不能上自己或別人的家，保私隱，保安全。記住，對方是陌生人。
- 切勿太急進：在網上的交往可以很快往來，有時傾至通宵達旦，認識了很短時間，就好像認識了很久。另外，對方可能會心急，你卻要保持耐性。
- 玩交友 apps 都要專一：因為網上平台方便，很多人會同時認識不少人，約會不少人。這一方面令你疲於奔命，另一方面在過程中總會被拒絕，那時會不斷打擊你的自信心。
- 切勿「物化」別人與自己：在網上交友可能變成網上購物，你揀人，人揀你，最後演變成一種單以表面和外表去判斷一個人的過程，將人「物化」（一個產品），失去作為一個人的價值。人就變得更自我自私，傷人傷己。

忍耐！讓時間去證明一切。勇敢的意思是，愛可以等待。

借網絡相處，不是「網絡式」相處

網絡可以幫助你與情人溝通，讓你們「留」言，而不用立即回應；讓雙方有空間去消化訊息，想清想楚才回應。而文字的穿透力和感染力，讓戀人說出面對面時可能感覺尷尬的調情話或敏感話。

社交網絡上滿載你們二人的照片和紀錄，更是你倆的戀愛歷史和幸福印記。別人的評語成了你們的鼓勵和祝賀。但是，水能載舟亦能覆舟。網絡溝通可能出現以下誤會和問題，你有遇過嗎：

- 網絡溝通的速度令人變得缺乏耐性，慢一點回應情人的訊息，可能被解讀成負面意思，例如不再重視我，或正在跟哪個異性在一起。
- 網絡的資訊和定位功能，漸漸令人失卻關係當中各自應有的個人空間和私隱。每一步都彷彿被監視和控制。
- 在發生衝突時，人容易躲在網絡背後，逃避面對面溝通，甚至不肯面對，令誤會增加。
- 網絡文字只要運用片言隻語，既不帶語氣，又沒有表情，容易令人錯誤解讀，引起誤會。「你不明白我」

可以是「你誤解我這話的意思」或「你完全不明白我，不體諒我」。

- 網絡上的文字加上圖片具有爆炸力和殺傷力，可以將一些感受誇大（例：我傷得流血不止，快要死了！），將一句話變成攻擊對方的武器（例：你這個賤人，去死吧！）。
- 網絡會令關係失去私隱，旁人可以不負責任地留言，指指點點。
- 網絡可以成為戀人發動攻擊的戰場，以文字謾罵，或博同情，或拉攏他人去攻擊。
- 在網絡上的對話裏肆意談「性」，容易出位過界，引誘雙方越界。

問題的癥結不在於發展網絡式的相處，而是戀人只是借用網絡相處。**親密關係的建立，必須有精神和情感上的交流。任何渠道有助雙方在這兩方面交流的，都是好東西。任何容易令雙方產生誤會和阻塞的，都要摒棄。**

倘若網絡上發生誤會：

- 立刻停止文字對話，免得愈描愈黑，考慮適當時間用言語對話。
- 雖然不一定絕對是你的錯，但對方感受的確受傷，你最好還是先道歉。

協定不要再用「具殺傷力」的言詞，如果發生了什麼不愉快的事，一定要以言語溝通。

網絡是你穿在腳上的鞋，不能代替你雙腿去走路。
路，還是要你們二人努力走出來。

勇敢去承諾

如果你發現自己一直無法穩定地去愛一個人，或者建立一段較為長久的關係，你可能陷入以下其中一個想法。

想少負責任

關係是對另一個人的一份責任。男孩子要在節日為女朋友安排節目，每次約會時要管接管送；女孩子要為男朋友掛心；每個重要日子要預留給對方。多麼煩惱！

期待更好的

心裏想：「更好的還未出現。」總會找到身邊伴侶的缺點，認為周遭的男孩、女孩比自己的男朋友、女朋友優勝。認定切勿為了一棵樹，放棄一片森林。

曾經受過傷

被人拋棄是傷，拋棄了人也是傷。感情路上，跌到痛，也跌到麻木。可能一種不用太投入的感情關係，才不容易弄傷你。只好你進我退，與對方打游擊。

真假自由

表面上，拍散拖給你一份「自由」。這份自由令你多一點空間、多一點選擇、多一點喘息的機會。

拍散拖是「虛假的自由」。他們只不過是關係的逃兵，在感情路上不斷奔跑奔波，想要尋找愛的綠洲，追逐情感的救生圈。在大海中，死抱着一個救生圈並不能給人安全感，更不能讓人有真正的休息和安頓。

我認識一對戀人。他們拍拖已好一段日子。但男孩子沒有介紹女朋友給自己的朋友認識，也沒有在社交網上宣告感情狀態或公開合照。他連出外約會都不願拖手。他們就如此維持着這種「地下情」。女孩子心裏一直患得患失，自忖：「你愛我嗎？你當我是女朋友嗎？」因此，她對男朋友的表現變得愈來愈極端，一是過分緊張與操控，一是愛理不理。這樣，男孩子也漸覺無所適從，令他更加苦惱和生氣。

這份愛，失去了自由。其實，「承諾」才能給予關係自由。

不用被「承諾」嚇怕

很多人想起承諾，就想起「一生一世」四個字。這四個字實在容易嚇怕人，令人卻步，也實在太偉大、太遙遠、太虛無飄渺了。與其想像天長地久，不如珍惜當下。這一點，我都體諒。可是，我認為承諾其實代表兩重更深的意思。

承諾給予彼此一個身分

當你願意向別人介紹你的伴侶為「我的男朋友」或「我的女朋友」，就是給予對方一個「名分」。他或她不是一個普通人，不是一個閒人，而是你的唯一，對你很重要的人。

你試想想，當你將這名分給予對方，同時將會獲得別人給予你同等的名分。你是他或她的唯一，你對他或她同樣重要。我認為一個人能夠被別人賦予高度的肯定、關注和重視，是一種光榮和幸福，對嗎？

那麼，你倆會得着更大的自由，這自由就是當中的信任和力量，是感情發展的元素。但賦予名分不是嘴上說了算，而是行動。你有以行動表明嗎？

- 用心去愛他或她，證明他或她是你唯一所愛。
- 認為現在擁有的就是最好的，立心不再心猿意馬。
- 不再只管盯着他或她的缺點，而是認定那個人：縱使你有如此多缺點，仍對你不離不棄。
- 對自己說，一生最好只談一次戀愛，因為經歷太多，會麻木；分離太多，會習慣；換人太多，會比較；到最後，不再相信愛情。

承諾給予關係一個方向

很多人問我，結婚是否拍拖的終點。人害怕承諾，就是害怕今天要為明天作一個重大的決定。承諾會變成一個枷鎖。

我曾給人說一個比喻。很多學生努力讀書，為了考上大學。但不是每個學生都能夠考上大學，當中有很多不同原因。拍拖和婚姻也是如此。

在拍拖時，以婚姻作為一個長遠目標，只是給予關係一個成長方向，學習彼此認識、相處、接納和體諒，是兩個人的成長歷程。沒有目標，變得沒有方向，難以成長。但你問我你們最後會否開花結果，終成眷屬，我不能回答你。

承諾不是一個一刻的行動，而是一個持續的過程，就好像向對方說:「我願意與你繼續走下去。」所以，**愛是一種決心，願意在這一刻開始全然委身於對方，又讓對方委身於你。**

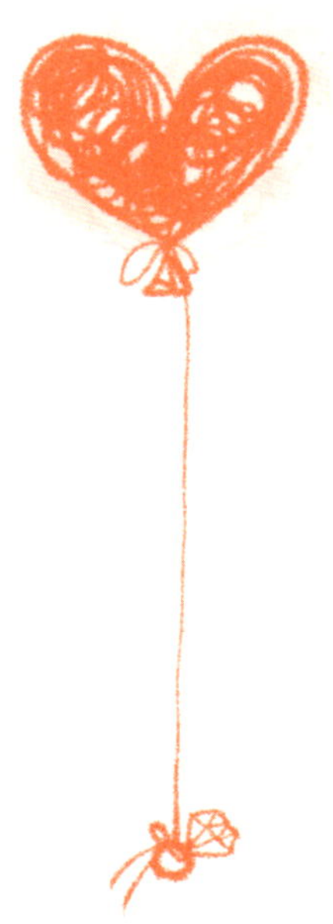

在古希臘傳說中，
人們相信中指有一根血管直通心臟，
所以情侶會將戒指套在愛人的中指上。
承諾，可以連繫人心。

建立親密的勇氣：成為貼心情人

前三章提到**「注意存在感」、「遏止情感衝動」及「培養情感獨立」**可以說是個人的生命修煉。愛一個人，先要修煉自己成為一個更好的人。做不好這個本分，根本未有資格向對方說「我很愛你」。「愛」容易說出口，難以「做」出來，特別當你有情感困擾和傷害時，更難自制、自控。

這一章開始要探討「如何愛」。當你愛一個人的時候，會好想抱抱。愛，是一種擁抱，是身體上和心靈上的擁抱。

前文提到的威尼科特（Donald Winnicott）最著名的研究之一是「擁抱」（holding）概念。他最先的關注是母親與嬰孩之間的關係，及母親擁抱嬰孩的重要性。擁抱，可以是身體上和心靈上。

身體上的擁抱：嬰孩對外界、對身體狀況很敏感，安全感也很脆弱，容易受影響、受干擾。當母親擁抱嬰孩時，會用身體包圍住他，保護脆弱的身軀和心靈。擁抱時，母親會感受到嬰孩的一舉一動，身體上種種細微反應，例如他感覺舒服嗎？他冷嗎？他熱嗎？他哪裏不舒服嗎？為了滿足嬰孩這一刻的微細需要，母親便會細緻地修正自己的擁抱姿勢，令他感到舒服。

心靈上的擁抱：這是實況，也是個象徵。母親將嬰孩抱在懷中，同時象徵性地代表她將嬰孩放在心上，而且全情投入地了解他的身心靈，時刻留意他的各種需要，調校（attunement）自己（身體、情緒和心智）以配合嬰孩的節奏和需要。嬰孩會漸漸感到一份溫暖和心靈陪伴，母親很愛自己，將自己放在心上，安全感和存在感油然而生，體會「我很重要」、「我有價值」。這種體會不只是知性上的體會，是心靈深處（潛意識間）的體會。

以上「擁抱」的概念可以放到成年人戀愛關係當中——

成長，要透過他人的愛。這愛是別人在情感上的擁抱：被聆聽、被明白、被留意，被需要、被重視。

- 人透過這個「學習」過程會產生一份安全感，同時獲得一種對於他人的關愛，一種非自私的愛和無條件的愛。你可以理解為一種近似「同理心」的狀態，肯明白對方，肯為對方設想。
- 當對方感受到你的擁抱，也會擁抱着你。建立親密的過程會出現彼此的回饋性（responsiveness）。你對人好，別人也想對你好。你快樂，因為他快樂。
- 這是個雙方「學習」的過程，母親和嬰孩會透過「擁抱」互相調校 (attunement)，學習了解和觸摸對方需要，彼此配合，漸漸建立默契。而戀愛關係就是以這種「學習」模式去孕育出默契（我給你所需要的）。

愛的三角

美國耶魯大學的心理學教授羅伯特・史坦伯格（Robert Sternberg）提出「愛的三角」這經典而家傳戶曉的理論，說明男女關係必須具備三大元素，才能長久維繫一段感情。

1. **激情（passion）：**向對方全情投入，包含性渴望、朝思暮想、期望和濃烈的感情。

2. **親密（intimacy）：**包括身體的親密和關係中的親密，當中要建立愛與被愛、接納與被接納、了解與被了解的關係素質，也是思想、情感的交流，甚至共同化解衝突。

3. **承諾（commitment）：**維持和促進彼此關係的意願。承諾可分為兩個階段：短期性是向對方付出愛的感情，長期性是對這份愛情的承諾與維持。

激情、親密和承諾，在戀愛的不同階段，有不同的展現。戀愛初期，「激情」扮演十分重要的角色，能燃點戀人的愛火。漸漸地，二人會渴望進一步了解對方，彼此更親密，而「親密」就佔較重的角色。再進一步，戀人開始探索能否成為終身伴侶。到了談婚論嫁的階段，「承諾」的比重會增加。進到婚姻關係裏，仍必須以激情與親密作為愛的基礎，三者缺一不可。

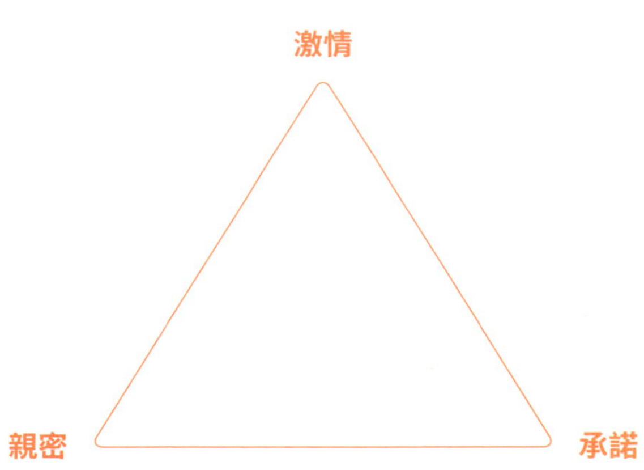

「新」愛的三角（實踐版）

這個概念絕非要取代史坦伯格的三角理論，反而是一種補充，是愛的三角理論的「實踐版」，提供一個更容易理解和實踐的演繹。新三角沿用舊三角的三個字眼：激情、親密和承諾。不同的是，我會將三者與上文「擁抱」的概念連繫上。

1. **激情（passion）——實踐，看見對方的好：**激情仍然是向對方全情投入，這投入是一種心靈上的擁抱，把對方完全放在心上，視他或她如珠如寶，是重要的一位。是的，當感情打得火熱時，戀人固然視對方為至寶。那麼爭吵時呢？一般人會容易忘記了對方的好，或者將你不喜歡的一面無限放大。激情，就是無論何時，都盡力地看見對方、認定對方的好，以一個較全面的視野去看你的戀人，不易受自己的負面情緒主導。

2. **親密（intimacy）——實踐，運用同理心：**建立親密的過程就是「擁抱」的過程：愛與被愛、接納與被接納、了解與被了解等要素，不過先決條件是「同理心」，一種願意明白對方，站在對方位置的態度。說不定你現在已經擁有專業的同理心技巧，但必須要展示出你願意放下自己，站在對方立場的意願。當關係良好時，一般人當然不難千依百順，但當關係出問題時，這就考驗人能放下多少自己（利益、情緒、勝負、面子、成見）。

3. **承諾（commitment）——實踐，守護承諾：**口頭上許下承諾不難，維持承諾卻不易。戀愛在不同階段會遇上礁石和阻礙，如個人因素（誤解、妒忌、性格或喜好改變）和環境因素（入侵者、第三者、環境轉變）衝擊着關係。守護，是一種自我約束，一種堅持擁着不放手的態度。

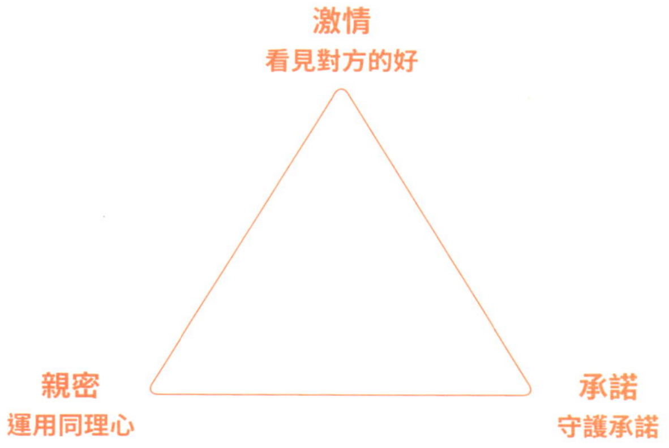

你可能感覺很困難！記住，以上不只是「理想」，也不是「終點」，而是「目標」和「方向」。前文已多番提到，戀愛為成長，成長為戀愛。成長是一生之久的修煉。

我們每個人都需要別人「懂」自己。而選擇一個對象，也最好選個「會懂你」或者「有意願去懂你」的人。那麼，我們也要努力成為一個「會懂人」的人。

你是個會懂人的人嗎？

① 當我身邊的人感到哀傷，我自然會感到哀傷。

- ◌ 非常同意
- ◌ 很同意
- ◌ 不同意
- ◌ 非常不同意

② 我指出別人不是時，我通常會先想像如果被批評的是我，我會感到怎樣。

- ◌ 非常同意
- ◌ 很同意
- ◌ 不同意
- ◌ 非常不同意

③ **很多時候我不太明白我的朋友為何如此興高采烈。**

- ◌ 非常同意
- ◌ 很同意
- ◌ 不同意
- ◌ 非常不同意

④ **我看見別人不被尊重，會感到難過。**

- ◌ 非常同意
- ◌ 很同意
- ◌ 不同意
- ◌ 非常不同意

⑤ **在一場表演中，當我看到其他觀眾很雀躍時，我都會雀躍起來。**

- ◌ 非常同意
- ◌ 很同意
- ◌ 不同意
- ◌ 非常不同意

⑥ **我每當面對一些比我不幸的人時，會感到不好意思。**

- ◌ 非常同意
- ◌ 很同意
- ◌ 不同意
- ◌ 非常不同意

⑦ **我較少立即從別人的眼光去思想。**

- ◌ 非常同意
- ◌ 很同意
- ◌ 不同意
- ◌ 非常不同意

⑧ **我容易跟他人有共鳴。**

- ◌ 非常同意
- ◌ 很同意
- ◌ 不同意
- ◌ 非常不同意

⑨ 如果我已經很確定自己的論點，大概不會花太多時間去聽別人的論點。

- ◌ 非常同意
- ◌ 很同意
- ◌ 不同意
- ◌ 非常不同意

⑩ 我通常會聽別人反對的論點後，才作出最後決定。

- ◌ 非常同意
- ◌ 很同意
- ◌ 不同意
- ◌ 非常不同意

⑪ 如果他人在我面前哭起來，我會不知所措。

- ◌ 非常同意
- ◌ 很同意
- ◌ 不同意
- ◌ 非常不同意

⑫ 我會容易想出什麼事會令朋友開心。

- ◌ 非常同意
- ◌ 很同意
- ◌ 不同意
- ◌ 非常不同意

⑬ 當我見別人有困難，我會儘量想辦法幫忙。

- ◌ 非常同意
- ◌ 很同意
- ◌ 不同意
- ◌ 非常不同意

⑭ 我總覺得平凡事有兩面，會從兩面看。

- ◌ 非常同意
- ◌ 很同意
- ◌ 不同意
- ◌ 非常不同意

⑮ 我很難估計有什麼事會令他人不高興。

- ◌ 非常同意
- ◌ 很同意
- ◌ 不同意
- ◌ 非常不同意

⑯ 當我見到他人被別人佔便宜，會想為他挺身而出。

- ◌ 非常同意
- ◌ 很同意
- ◌ 不同意
- ◌ 非常不同意

⑰ 我通常不會讓身邊人的情緒動搖我的情緒。

- ◌ 非常同意
- ◌ 很同意
- ◌ 不同意
- ◌ 非常不同意

⑱ 我期待看到別人感覺良好。

- ◌ 非常同意
- ◌ 很同意
- ◌ 不同意
- ◌ 非常不同意

第 ① ② ④ ⑤ ⑥ ⑧ ⑩ ⑫ ⑬ ⑭ ⑯ ⑱ 題目的分數如下：

非常同意 5 分

很同意 3 分

不同意 2 分

非常不同意 0 分

第 ③ ⑦ ⑨ ⑪ ⑮ ⑰ 題目的分數如下：

非常同意 0 分

很同意 2 分

不同意 3 分

非常不同意 5 分

結果：

81-90 分：滿有愛心的人，很容易放下自己。

61-80 分：非常有同理心，很願意與人拉近。

30-50 分：尚有同理心，起碼可以理性從他人方向思想。

10-20 分：缺乏同理心，比較想從自己出發，較理性，講邏輯。

了解你的情人

學習讀懂一個人，須要仔細觀察和留心情人平日的行為表現，靜心地思想和分析。以下是一些例子，讓你考量一下你的情人最着緊是什麼？

- 情人不高興時，會有什麼身體語言、表情、眼神或聲線？
- 什麼時候，情人最易哭？觸動的是什麼？
- 什麼時候，情人最易捧腹大笑？觸動的是什麼？
- 情人最感興奮和有衝勁去做的是什麼事？

- 情人最受不了的是什麼事？什麼人？
- 情人容易退縮是因什麼事？什麼人？
- 情人最欣賞你什麼地方？
- 情人最不信任你的是什麼地方？
- 情人最想你改變的是什麼地方？
- 情人通常會將你們之間什麼事放在第一位？
- 情人處理人際衝突時，通常用什麼手法？指責、退縮、沉默？
- 如果有一天，情人向你提出分手，將會是什麼原因？
- 如果有一天，情人向你求婚，會是什麼原因？

當你認真地回答以上問題，找出答案，你便知曉什麼會令情人更快樂，什麼不要令對方失望。

無聲的「我愛你」

有一對非常恩愛的夫妻。丈夫向妻子求婚時，只說了三個字：「相信我」。

妻子為他生下第一個女兒的時候，他對她說：「辛苦了」。

女兒出嫁要離家的那天，丈夫摟着妻子的肩說：「還有我」。

他收到她病危通知的那天，重複地對她說：「我在此」。

她要走的那一刻，他親吻她的額頭輕聲說：「你等我」。

這一生，丈夫似乎未曾正正式式地說過一句「我愛你」。可是，他的愛從未離開過妻子，一直抱着沒放。擁抱，不是一個動作，是一份向着對方的感情，不離不棄，不輕易放手，且最知道這一刻，對方需要你給予什麼。

第 5 章

處理衝突的勇氣

衝突的核心燃料是憤怒。

憤怒的底蘊是受了傷。

負面情緒中，不講理，沒邏輯 。

衝突降溫，情緒需要被「承載」。

情緒風暴中的阿枝和阿偉

阿枝和阿偉在一起快要五年了。可是，他們最近發生冷戰，現在雙方處於冷靜期。

有次，阿枝從阿偉的朋友圈中聽到一個消息，懷疑阿偉有第三者。阿枝當然晴天霹靂，怒不可遏。

當天見面，阿枝立即質問他，大罵他「渣男」，收埋一個女人。這時，阿偉竟然大聲反罵阿枝腦殘，完全扭曲事實，寧願相信別人的流言蜚語，都不相信自己男友。阿枝從未見阿偉如此激動，說這種髒話。當時，阿枝唯有啞忍，不再爭持下去，只有把眼淚凝在眼眶中，不敢流出來。她害怕一旦她再發作，阿偉會說第三者確有其人。那麼阿枝必然崩潰。

雖然阿枝想冷靜一下，暫時不想見面，但仍嘗試給他 WhatsApp 訊息，可是阿偉已讀不回。她忍不住大罵：「如果你不回覆，以後就不要找我！」也禁不住窮追猛打，迫阿偉要承認，甚至說晦氣話：「如果我給你戴綠帽，你又有什麼感受？不如我現在就去找個男人！」阿偉反駁說：「要找，你就去找吧！」阿枝已說不出話，只有按了很多個「哭面」emoji。

之後，她發現阿偉在社交平台上刪除了他們的合照，甚至換了本是他們合照的個人頭像。阿枝開始亂了，這是否代表分手呢？阿枝後悔說過晦氣話，怪責自己一手毀了這段關係。同時，她又不時回想阿偉罵她腦殘的一幕，心頭又酸又委屈，眼淚禁不住直流。

過了幾天，阿枝下了氣，好想找阿偉和平地傾談。她低聲下氣地傳訊息問他想如何？阿偉卻沒有理會。阿枝根本不知道他想什麼。這時，她甚是苦悶，心想：偶爾發脾氣，其實只想阿偉氹一句，說句對不起而已。難道發小小脾氣都有罪？難道發脾氣要你關心，都有問題？

她實在不知如何走下去，心裏只有一個字：痛！

發脾氣

阿枝和阿偉的故事未必常見，但也不罕有。衝突分兩種，一種是中性的，即彼此不同，需要磨合與調和，這在關係上是正常的。另一種是惡性的，雙方受負面情緒影響，以致互相攻擊，互相傷害，這只會破壞關係。

本章集中討論戀愛中不同衝突的面貌，當中人與人之間是如何互動呢？

首先是發脾氣。

故事中，阿枝本來只想發脾氣，可是一發不可收拾。女孩子發脾氣不是天經地義嗎？不過是撒嬌的一種，有問題嗎？那你要小心，撒嬌和發脾氣其實是兩回事。

撒嬌是為了裝可愛、為感情加添一點情趣、令自己感覺有人可依賴、被人寵。所以，能夠向所愛的人撒嬌，是一種幸福吧！發脾氣則是對情人的一種發洩和控訴，令自己變得可怕。所以，向情人發脾氣不是你的專利，而是專橫。

當發脾氣成了攻擊武器

你可留意，如果發脾氣到一個地步，令對方生厭，這就不健康，不值得了。不健康的發脾氣會變成一種工具，甚至是攻擊武器，純粹為了：

- 發洩情緒。
- 表示很想對方討好自己。
- 對抗和攻擊。
- 展示自己凌駕於對方之上的權力。

留心自己會否因為發脾氣，無理取鬧，而自毀長城，破壞關係。

言語會傷人

言語甚具殺傷力。當發脾氣有意無意間成為一種殺手鐗，就會帶有傷害力。以下的話你有說過嗎？

貶低對方

「你是不是男人？沒有男朋友會像你這樣對待女朋友！」

「我已經跟你講過很多次，你有沒有腦？連我喜歡什麼都記不住！」

令對方感內疚
「你應承過話愛我，根本做不到！」

「你知不知道這樣做，很傷我心？」

將對方跟別人比較
「我之前的男朋友比你好十倍！」

「你看看人家的男友有多好！」

誇大對方的過錯
「你又是如此，次次都是這樣！」

「你根本不愛我！」

威脅對方
「我們不如分手！」

「我死給你看！」

我更聽過有情侶用粗言穢語攻擊對方，最終引發暴力行為，這是多麼可悲，令人難堪呢？

為何會向情人發脾氣？
簡單地說，發脾氣是一種「憤怒」的表達。但為何會向情人表達如此激烈的憤怒呢？

在親密關係裏，人會出現一種自然現象，叫「倒退」(regression)，變得稚氣，想得人疼愛和保護。例如，情侶會稱對方 BB、說肉麻的「嬰兒話」、像小朋友的語調，或會像小孩子般撒嬌等行為。

心理學的「依附理論」（attachment theory）啟發我們，發現嬰孩在母親面前，如果需要（如肚餓了、尿尿了）得不到滿足，便嚎啕大哭，激烈地表達他們的需要，希望引起母親的注意和回應。這種嚎啕大哭的行為就是一種抗議(protest)。正常的抗議是一種健康的非語言「溝通」。

但人在成長中長期缺乏家庭的愛，會擺脫不了這種嬰孩行為，在焦慮不安的時候，仍然運用這種「倒退的」抗議行為，以致不健康、過分反應（hyperactive）地發脾氣。脾氣大，代表情感需要很大。

這種操控性的脾氣，是想保護自己的脆弱心靈，又想從相反一面向對方暗示，期望對方滿足自己內在的需要；總之不願妥協，因為妥協就像示弱。可惜，這種行為只會逐漸踐踏對方的尊嚴，摧毀關係，傷及自己。

沉得住氣才是勇氣

發脾氣容易，沉住氣卻難，需要一份決心和勇氣。究竟如何沉得住氣？

閉上嘴

你內心可能已經累積了很多很難聽的話，因為你很傷心難過。但請你盡能力把說話吞下去。言語一出，難以收回。請嘗試慢慢地說出來，有時候甚至不用立即向對方表達；不如讓自己冷靜一下，離開一下，漸漸消化負面感受。

不要偏執對與錯

問題根本不在於誰對誰錯。大部分情侶的爭執都不是天塌下來的問題。不偏執於對與錯，不是讓步，是尋求解決的方法。事實上，有一件事比對與錯更重要，就是你們的關係。

檢視自己的感受和需要

定出一段安靜時間，先找出激怒自己的按鈕（anger/hot button），覺得對方不尊重你？不重視你？不關心你？按你的期望，追尋自己內在深一層的需要。例如：你想對方記起重要日子，因為你想他或她重視你；你想他或她在假期陪你，因為你怕寂寞。

向對方以「需要」的口吻對話

說出你的期望，而不是指控。用「我」成為你句子的主語，如：

脾氣	感受、需要
「你這個人……」	「我想你為我……」
「你很自私！」	「我想你明白我感受。」
「你常常踐踏我！」	「我想你讚賞下我。」

願意向對方呈現自己的脆弱，
表達內裏真實的需要，絕不是弱者，
是親近對方的一份勇氣。

晦氣話

「你正腦殘！」
「我要給你戴綠帽！」

阿枝和阿偉雙方都說了晦氣話，不但沒有為負面情緒降溫，反而升溫，對關係一點好處都沒有。可是很多時候，人的舌頭比腦袋轉得快，說了不該說的晦氣話。晦氣話的意思是沒有細心想清楚，說出內心負面的感受或思想，但你本意不是如此。

有時，人會用「真誠」做藉口，想說什麼就說什麼，又或者，一定要「教育」對方，非說盡所有內心話不可。不是指話不可說。可是，說話不經大腦，心直口快，口沒遮攔，容易說出「無心話」或「晦氣話」，傷害情人，甚至影響關係。

十種最直接，但又會傷情人的話

你真是正死蠢！
（實在你覺得對方並非無可救藥。）
苛責

呼喝
還不快快幫我挽手袋？
（實在你想要一個情人而非僕人。）

她的男朋友比你好十倍！
（實在你不會想做其他人的女朋友吧！）

比較

舊事重提

你每次都是這樣！你已多次……
（實在你並非要證明你好記性。）

你不要發癲，理性一點好嗎？
（實在你都想明白對方感受。）

太理性

指責對方朋友或家人

你跟你的豬朋狗友一樣差勁！
（實在你無心指責他人。）

你去跳樓死了吧！
（你真的想對方死？）

咒詛

粗言穢語

XYZ@#&……
（你本來不是如此粗鄙。）

你不要再找我！
（實在你最怕對方不再找你。）

拒絕聯絡

提出分手

我們分手吧！
（你真心想立即分手？）

你可以看到，**很多「晦氣話」其實都是口不對心。**可是，言者「無心」，聽者有意，會感到傷心難受。這不叫真誠，而是言語攻擊。

晦氣話是傷人的回力鏢

晦氣話會傷害情人，傷害關係，最後像把回力鏢，傷害自己。我在輔導室跟不少人見面，他們都哭訴過去因為一些晦氣話，畫下難以磨滅的傷痕。

例子一

她一時衝動，用手機傳了很多傷害性的說話，還說：「我不會對你說你出了什麼錯。你應該自己知自己事。如果你還不知曉，根本沒資格做我的男朋友。」最後，男朋友竟然提出分手，令她悲痛不已，恨錯難返。

例子二

她聽到男朋友很多解釋，已感到很疲倦，所以粗暴地喝斥他不要再找她。幾天以來，她只是看着手機，牽腸掛肚，等待對方聯絡，又不想示弱，不敢主動找對方，心裏忐忑不安。

例子三

他忍受不了對方的情緒，一次竟然當眾大聲罵她「癲婆」。於是她很傷心，這句話一直揮之不去。每次吵架時，她的情緒更容易激動起來，為要報復他，向他證明自己「真是個癲婆」。衝突沒完沒了。

勿讓負面情緒沖昏

每次我聽到這些故事，都替他們傷心。他們仍然愛着對方，可是當衝突出現，內心便積累很多憤怒，憤怨轉化成苦澀，苦澀再轉化為毒素，腦海便浮現很多未經消化，未經消毒的苦毒思緒，感受和苦毒混作一團。簡單地說，負面情緒（如憤怒）沖昏了頭腦，稍一不慎就說出無心快語，之後又感到無限內疚。

發生衝突時：

停一停

縱然內心有很多苦毒和憎恨思緒，也要忍一忍，停下來，想像說了苦毒說話的後果，例如對方的反應和感受。切勿說出你本來不想向情人說的話。不要假設對方一定知道這是無心或晦氣話。

想一想

反省你內裏的軟弱並表達出來，例如「你忘記我的生日，我很難過，怕你不再重視我。」「你這樣怪責我，我感到很無辜和委屈。」當你承認自己的軟弱，會感染你的情人也願意承認自己的不足和瑕疵。

說一說 倘若你的說話已經傷害到情人，那你就要向對方解釋你的本意並非如此。即使對方知道這是無心話，也會感覺難受。所以你也要好好地想，為什麼你的無心話會對情人造成傷害。

道歉 你該向情人真誠地道歉。

承諾 更重要的，承諾以後避免說出這種無心話！

在「有話直說」和「有所保留」兩者之間，有一個東西叫做「愛」。

如何用愛說出真心話？

- 控制自己的情緒或當時的情況，而非無心快語。
- 想像對方一旦接收後，會有什麼感受反應。
- 換一種較平易近人的講法。

要維繫一段感情，
不是「坦白」，而是考慮到對方的感受，
有所「保留」。

勢不罷休

兩人爭吵時，很多時候會爭持不下，各不相讓。阿枝和阿偉的例子表示，雙方都不想認輸。感情中，有輸與贏嗎？

以下是個日常例子：

她：「你這個星期六陪我去買東西。」
他：「又要陪？星期六我約了朋友打波，沒空呀！」
她：「『又要？』你何時陪過我？每次要你陪，都好像乞求你可憐一樣。你有什麼要做？不是呆在家中打機，就是約了豬朋狗友打波。如果要陪我如此難為你，以後不用陪了。」
他：「怎麼說我沒陪過你？你為了買少許東西，每次叫我逛東逛西，跑九條街，從無休息。我都未埋怨過一句！」
她：「你現在就在怨我吧！原來你與我一起如此辛苦，你不想要我吧！」
他：「你每次拗不贏我，都只會講這一句。（喃喃地）真野蠻！」
她：「陳大文！你這個賤人！你有種，以後不要再找我！」

你遇見過這種街頭罵戰嗎？最後的結局往往是一方掌摑了另一方，或者一方將手袋恨恨地擲向另一方。旁人只會搖搖頭，心裏說：「為了如此小事，何必呢？」

六種高明的謾罵

可能你覺得上述的男女罵得太不高明，還有點粗鄙。有些人可會罵得更「高明」，令對方無從反擊。

謾罵方式	表面	實際
先防後攻	「我不是怪你，但是……」	先關上大門，接着不斷數落你的不是，叫你無法反駁，一旦反駁就顯得小器。
含沙射影	「我不會像某些人一般無賴！」	表面好像在指責某人，其實直指你。
指桑罵槐	「我最看不起男人無出色！」	其實在批評面前那個人。
借刀殺人	「連我所有朋友都話我冤枉，說你不對。你反省一下吧！」	借他人的口去指責你。
無心認錯	「對不起囉！」	馬馬虎虎地道歉，語氣中傳達出一份不服輸。
以退為進	「我全部錯了，你全對了。你滿意吧？」	以一種不服氣的語調指責你根本是野蠻無理。

我認為以上方法也不算高明；沒有完結爭執，反而令雙方負面情緒不斷升溫，爭執轉化成惡性循環，雙方只在發洩情緒，講不負責任的說話，最後埋下心病和怨憤。**罵戰，沒有勝負，只有兩敗俱傷。**

衝突中的憤怒，其實是傷心

戀人相處的最大挑戰是衝突，通常衝突的起點都是由一項細小的指控開始。表面上，彼此只是為了爭一口氣，不容對方佔上風，總之拗不贏人，就勢不罷休，好像爭持於輸與贏。

其實輸與贏的核心在於：不想在對方面前顯露內心的脆弱，即內心受了傷。**你可以想像它是一枚銀幣，這銀幣有兩面：一面叫憤怒，代表對方的指責、不滿和埋怨；另一面叫哀傷，代表對方內心的傷害或未能滿足的需要。**

憤怒是一種推開對方（即保護自己）的情緒，而哀傷是一種期望對方行近（反映情感需要）的情緒。情人本來不想傷害你，反而想請求你，但對方實在害怕。

當你聽見情人指控你「你哪有時間陪我？」「你有顧我的感受嗎？」你會有何感受？憤怒吧！如何可以高明一點？我想請你先沉一沉住氣，暫時收起即將從嘴唇邊跑出來的謾罵，想想銀幣的另一面，試試慢慢談。以下有兩個例子：

對話一

甲：「你哪有時間陪我？」（表達憤怒：你不重視我；表達傷心及需要：我很孤單，我需要你在我身邊。）

乙：「你是否覺得我陪你不夠？」（嘗試明白對方的感受。）

甲：「你知道就好。」

乙：「你想我怎樣做？」（嘗試明白對方的需要。）

甲：「我想你週末撥一點時間給我。」

乙：「我嘗試看看。」（表達願意一起解決。）

對話二

甲：「你有顧及我感受嗎？」（表達憤怒：你不愛錫我；表達傷心及需要：我很需要你的明白我。）

乙：「你覺得我不明白你？」（嘗試明白對方的感受。）

甲：「不錯，你誤解了我！」

乙：「我哪裏誤解了你？」（嘗試明白對方的感受。）

甲：「你以為我叫你找工作就是看扁你。其實我只不過為你好，沒有詆毀你的意思。」

乙：「我明白了。我怪錯了你。」（表達體諒。）

勇敢地吃點虧

或者你會對我說，其實你都很冤枉、很無辜，你只期望對方明白你的苦況，為何反而要先退讓？不錯，表面上你彷彿吃了虧。可是，當你仍然選擇反擊，只會刺激對方劇烈地還擊，更無可能會明白你，這樣下去，衝突就永無休止。

請你明白，**退讓或道歉並不意味着你是錯而對方是對的！它只說明一件事：你認為這段關係，比你的尊嚴更重要。**當你首先肯表現風度，按捺一點情緒，嘗試理解對方指控你背後的心情，便會發覺其實他或她也很在乎你。或許小時候我們已被成人教導：「錯要認，打就企定。」情人，你為何總不肯向對方認錯、認低威呢？

當你的情人向你大聲責罵，
可能反映對方只是不敢直接向你說：「我很需要你！」而已。

不信任

情到濃時，什麼都可以。當關係出了問題，人會對情人產生很多懷疑，不能信任。而不信任也是關係中的致命傷。這叫做戀愛「多疑症」。

這類人常常反復問情人：「你愛我嗎？」或者當情人約了朋友未能相伴，或一時未能回覆訊息，他們會不斷追問：「去了哪裏？跟誰在一起？」情人最初以為他們只是着緊，所以會認真回答。久而久之，情人不但開始厭煩，感到不被信任，也不願回答，心裏想：「反正說了，你都不信我。」

不信任的互動循環

信任是一種雙向的交換。你愈信任我，我就愈信任你；相反，不信任會帶來更多不信任。故事中，阿偉先覺得阿枝不信任自己，就不再相信阿枝會真誠地和冷靜地溝通。之後，無論阿偉再做什麼、說什麼，阿枝都難再相信他。

以下是另一例子。

他與她開始這段感情已經半年了。相識前，他剛剛與前度女友分手。半年來，她一直對這段關係患失患得，感覺自己不及他的前度女友漂亮又有學識，所以經常問他：「我有什麼好處，使你喜歡我？」他知道女朋友心裏愛比較，所以刻意這樣回答她：「喜歡就是喜歡，沒有什麼原因。」可是，她卻感到答案模棱兩可，猜測他沒有考慮清楚，恐怕一日會移情別戀。

她沒有一天安寧過，甚至開始懷疑他跟前度聯絡，猶豫應否偷偷檢查他的手機紀錄。一天，她按捺不住，偷看了他的手機紀錄。結果她查不出任何蛛絲馬跡，內心充滿懷疑和自責。

他為了減輕她的擔心，處處討好她，換取她的歡心。一次他們發生輕微爭執，她又開始質疑他的愛。當時，他感到很委屈，心想：「好人已經做盡，現在還要質疑我？」開始受不了這種壓力，竟然對她衝口呼喝：「你還想我為你做什麼才信我？」如此指責，令她更認定他真的不夠愛自己。

其實她都很無奈，原本一心相信他，但不安總是纏繞着自己，令她忽然失控。她很矛盾，不知道下一步該如何走。

以上例子反映，不信任的關係成了一個無底黑洞，將情人為你所做的東西都「吸」進去，即使情人回答你多少問題，你都永遠無法感到滿意。**而且，不信任使你變得操控，結果操控愈多，情侶愈難互相信任，形成惡性循環。**

信任是什麼？

有趣地，當你問他們究竟信不信情人愛自己，他們會說:「我信對方愛我。」那麼，他們不能信什麼？而信任又是什麼？

信任是：「我相信你重視我。」相信對方起碼有重視自己的意願，有時需要實際行動，有時未必需要。

仔細想，**信任可能同時說明一件事：「我相信我可以被人重視的。」**信任這回事關乎如何看待自己的身分價值。有時不信任別人，其實源於不信任自己 ——

- 不相信自己值得情人投入去愛。
- 不相信自己有如此吸引力去留住情人。
- 不相信幸福是唾手可得。

勇敢做個「能信」的人

你想建立對情人的信任，就要先建立對自己的信任。如何建立？就是你要重視自己，即願意接納自己、肯定自己，向自己送出一份極大的體諒和包容。

當你為關係中的小事而忐忑不安時，請問問自己內心的焦慮和恐懼是什麼，會否是自己出問題多於情人出問題。

建立情人對你的信任

建立對方的信任表面上是給對方一個「保證」，但你要知道，很多時候對方不能信任是源於信不過自己。當你明白情人這份需要，樂意站在對方的角度去思想、去聆聽，然後請你表達體諒，並以更開放的態度，增加你的透明度。你這樣做，**目的是要交換情感的信任度，同時在建立對方。**可見，信任是要花時間一起努力經營出來的。

信任，代表沒 100% 保證

如果你可以掌握一切結果，就不需要信任。有時你很想情人證明給你看，讓你可以信任。不過，當你沒有信任，他或她做什麼都無補於事。

其實，**信任是一份難以名狀的「安全感」。**我以一個比喻去說明。它好像母親暫時離開年幼孩子一段短時間，而孩子仍然可以安心地獨自玩耍，等待媽媽回來，因為他知道媽媽不會遺下自己，這就是一份安全感。

要是你發現自己一直難以信任情人，你要問自己是否對任何人都難以信任，可能你在成長中缺乏安全感。請你將這種感受告訴你的情人吧！他或她願意更明白你的苦惱。

信任就是一份「等待」，在未看到結果，未有把握之先，忍受內心的惶惑；帶着冒險精神，靠着愛的意志，守候愛的光臨。愛，是一種等待。

當你可以「放心」去愛，
其實你已經「安放」好自己的心。

翻舊帳

人的記憶很奇特，總愛記住一些不愉快的東西，快樂的東西卻很快淡忘。難道「快樂」就是很「快」會過去的「樂」？

以下是一個例子。

幾年前，他們的關係中出現第三者。他跟另一個女孩子關係很密切。三人經過連番糾纏，他最終放棄第三者，重投她的身邊。可是，故事並未完結。她對他的過錯一直揮之不去，記在心頭。每當關係出現大小問題，她都向他翻起這筆舊帳，指斥他曾經出賣過她。最後，他們總是談不攏，紛爭無法解決，只剩一番無奈。

最壞的兩個「呆壞帳」

相處日子久了，關係中會累積了不少「舊帳」，你開罪過我，我傷害過你。翻舊帳可能是開玩笑，或者有時為了警剔情人。可悲的是，人是善忘的，還要選擇性記憶，只記着不愉快的事。

你知道嗎？世上還有兩件最壞的「呆壞帳」，令人難以克服，不但氣難平，而且寬恕不了。當你遇上這類事情，我又怎忍心怪你胸襟狹窄。

第一種叫「出賣」，第二種叫「冤枉」。

出賣

出賣是什麼？是我以一顆純真的心對你，默默守候你，心中只有你一個，而你卻另有所愛，視我為次等，我和我的愛已經一文不值。我立即變得極度卑微和愚蠢，自己也看不起自己。這種打擊尊嚴的事，難令人重新振作起來。

冤枉

冤枉是什麼？是我以一顆單純的心去跟你相處，而你不但不明白我，更誤解我，視我為一個犯錯的人。這種摧毀人格的事，也難叫人放得下。

假如你曾經出賣或冤枉你的情人，不要太快批評他或她不夠寬宏大量，因為你或許傷害了對方最寶貴的東西——尊嚴與人格。

舊帳，是積存了的負面情緒

心理學如何解釋呢？以上種種其實都是積存了的負面情緒，而這些負面情緒會干擾我們的判斷力。仔細地說，負面情緒會繞過我們的理智，直接影響判斷（例如：你對我不懷好意、你一定是討厭我了），以致行為。這時候，人彷彿「突發性失憶」，忘記了對方往日的好，只剩下負面記憶。

寬恕，是減少負債

既然很多呆壞帳都是過去積存的負面情緒，我們要學習減低負荷。如果你一直為着過去的一些事耿耿於懷，長久放不低，就要問問自己：此刻還想跟他或她在一起嗎？如果未打算分手，請你偵測自己內心究竟燃着怎樣的怒火，問問自己可以寬恕嗎。

你會認同，懷恨所需的力比寬恕更多，所抵受的苦，比後者更大。所以你會說，很想寬恕，但寬恕不易。現在，我們不妨重新想想寬恕這回事。

寬恕是個決定。寬恕的開始是叫自己做一個決定，這決定也是一份決心，決心容讓自己不再忍受這道傷痕隱隱作痛，釋放自己不再受怨憤綑綁，叫自己重新過日子，及面對這段關係。這決定只是一個立場，一條你將要走的新路線，並不代表你立即有力量寬恕。

寬恕是個漫長的過程。過程中，讓自己明白兩個事實：一是這件事的確發生了，也打擊過你；二是他仍是你所愛的人。兩者可以是分開的。而且，視乎你的傷痛輕重，寬恕所需要的時間也不同。過程中情緒會波濤起伏，時好時壞。你要向情人表達你想寬恕的意圖，但也請他接受你的時間表和有時失控的情緒。

寬恕是自我療傷的過程。寬恕別人實在是寬恕自己，「放下」等於「放過」自己。讓自己從痛苦中釋放，就要進入痛楚，明瞭自己內在的傷害（是尊嚴？是人格？），提供空間去接觸和表達（自己、對情人和朋友）這些感受。對自己說，事情已經發生，不能回頭；但寬恕歷程過後，你已經不再是舊日的你，你和你們會有新的開始。

寬恕不能迫，要在內心慢慢醞釀發酵。成長中，你會經歷更多，看到更多。事後你的心態可能會漸漸轉變，發現世上有更多事值得你打開心懷去擁抱。

寬恕不是一人的修煉，也要維持與情人對話。交流，令你們可以交換感受，雙方更能明白彼此的脆弱。「被明白」是一種解藥。

寬恕不了，也不要用翻舊帳作為攻擊的武器。如果你真的一時寬恕不了，就暫時將這件事擱在「抽屜」裏。這件事與這個人是可以分開的。你們的關係仍然可以繼續，留待日後有足夠力量時再處理。

寬恕就是寬恕自己。我覺得最後要寬恕的人是自己，有些人表面上原諒不了他人，但實質是原諒不了自己。在關係的創傷中，受害人是你，但有時可能是你在自己的傷口上灑鹽，怪責自己愚笨，不放過自己，以仇恨他人而逃避面對自己內心的苦楚。所以，寬恕別人同樣要寬恕自己，讓自己放手（let go）。

學會寬恕別人，就是學會善待自己。愛一個人的時候，不要埋怨他不能給你什麼，應該珍惜他給了你什麼。

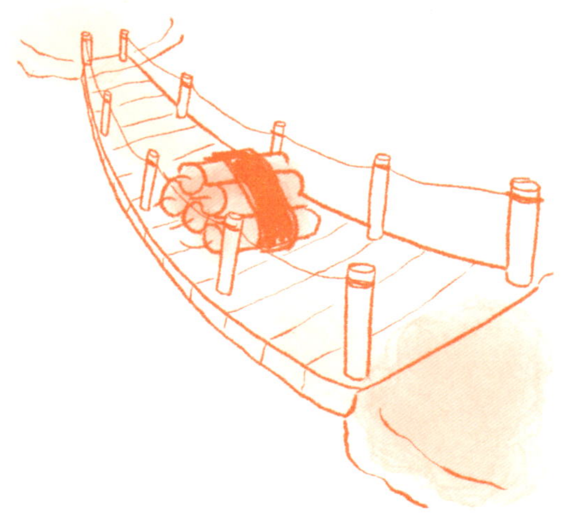

不能寬恕，就是拆毀一道自己也要走的橋。

冷戰

「不如我們冷靜一下？」阿枝如此說。可是，她心裏一直不能冷靜，反刺激雙方用另一種無聲方式去「攻擊」對方。很多時候，人用「冷靜」作幌子，逃避處理衝突。

第一種：一直以來，他們之間都有大大小小的爭執，每次都不能化解。其實，雙方對這種相處模式都已經厭倦了。一次，她終於提出：「不如我們分開一下、冷靜一下！」雙方沉默一陣，從此各行各路，頭也不回。這種「冷靜」，其實是分手的代名詞而已。

第二種：一對充滿紛爭的情侶，他們經常鬧不和，一旦拗不過對方，就採取冷漠和蔑視的態度，甚至狠狠地掛上電話，或一走了之。最終，雙方只感覺到被對方遺棄。一走了之不是冷靜，而是冷戰。

冷戰，只會令關係雪上加霜。在冷戰當中，雙方內心都不能平靜，只會充滿風暴。

冷「戰」，是一種暴力

冷戰不同冷靜，冷戰是一種攻擊。

一對情人衝突時，最直接的攻擊不一定是「廝殺」，而是冷戰。一方率先擺出一副「我以後不會再理你！」的姿態，同時另一方心想「不理就不理，誰怕你啊！」誰也不示弱、誰也不妥協，就是冷戰。

冷戰時期，沒有安靜，只有煩擾；沒有反省，只有抱怨與憎恨。既在回憶對方待自己有多不好，又猜測對方現時如何埋怨自己；還要計劃如何防範對方，攻擊對方。

冷「戰」，是一種冷漠

沉默，可以是冷漠。記得我提過的依附理論中（261 頁），嬰孩對母親的反應嗎？當嬰孩的需要長期得不到滿足，可能產生過敏的反應，就是嚎啕大哭。而另一種極端的可能性，是停頓的（deactivating）反應。停頓的反應是怎樣的？嬰孩會對母親別過臉，冷淡起來，母親給他什麼他都不要，想表達「我不滿，不需要你」。

人在成長中長期缺乏愛，會倒退到這種行為，以冷漠去表達不滿，甚至對自己說：「我不需要他們的愛與關心。」但試想想，銀幣有兩面，一面是「我不稀罕你！」另一面卻是「我很需要你」、「我想你重視我」。

人的情緒反應（特別是負面情緒）很複雜和奇妙，有時候很難掌握得合宜。而情感往往干擾我們的理性運作，反而作出極端的反應。沉默，是其中一種。

實際上，沉默的背後，是隱藏的憤怒。憤怒的骨子裏，是傷心和對愛的渴求。

沉默成為一種暴力（silence becomes violence）。

冷「靜」，是一個自制過程

當雙方遇上衝擊，彼此激起強烈的情緒。人在情緒高漲的時候，容易攻擊對方，向對方說出不負責任的傷害說話。冷靜是一個比較好的暫停（timeout）方法，是一個自制過程。

冷靜時的自制可以：不說晦氣話、不作無理據的推測、不作人身攻擊、不讓惡性互動延續下去、不累積更多負面情緒及對方的負面印象……

反而，讓雙方不再被對方的行為和印象，觸動自己的敏感神經，給自己的負面情感歇息一下，冷靜下來；有空間撫平內心的傷痛，想想究竟發生了什麼事。

人在不安時「迴避」一下，是正常的行為，也是保護的行為。更重要的是，**冷靜過後，細心想想如何跟對方再次對話。**

冷靜的沉默成為一種內省（quietness becomes awareness）。

以下是一些具體建議：

停止冷戰，為關係解凍
你想用沉默去壓住自己的情緒，也逃避對方的威脅。我恐怕，你的傷感與猜疑更會加劇。嘗試積極一點想想，為關係破冰解凍。

停止猜疑
你總猜不透對方現在想什麼，因為人的思緒是複雜的。而且，你在負面情緒的帶動下，往往只會往負面一邊想。

回歸冷靜
上文提過，冷靜是一種安靜和反省的過程。將焦點放到自己的內在感受和需要上，毋須處處想着對方的不好。

找出錯處

反省過程中，你或會想到自己也曾說過不負責任的話，攻擊過對方，猜疑和誤解對方的動機等。你若能接受自己都有犯錯，是勇氣可嘉的。

破冰道歉

你當然難以開口說出第一句話，可暫時假裝什麼都沒有發生，先主動逗對方聊天，或者不妨以行動為對方做點事，送一份小禮物，或寫一張字條。有需要，也向對方道歉。

尋求解決

當戰爭結束初期，你們或會感到不自在，這是自然的。你們需要重新適應在一起的感覺。過些日子，待大家情緒穩定下來，不妨提出和解，冷靜地討論問題所在。

重歸於好

重新找出彼此的默契和相處模式，防止問題再現。再次牽着他或她的手，和好如初。

如果愛面子多於愛對方，就難以得着對方。
放下面子，才是擁抱。

呷醋

上文我們討論了很多衝突狀況和如何處理。以下幾篇我們會了解其他衝突面貌。第一種是呷醋。

如果你遇到以下情況，會有什麼反應？

- 遇見情人跟一個吸引的異性經常在一起，一起溫習，一起工作加班。
- 發現情人的社交網站貼出與異性較親暱的照片。
- 聽聞情人跟前度聚舊約會。
- 發現情人跟另一個你不認識的異性經常傳訊息。

大概你的答案是：呷醋！

適度的醋意

呷醋，這種酸溜溜的感覺，是嫉妒。感情中加一點醋意，表示你着緊對方，可以是一種情趣，為關係加一點味道。善於寫愛情故事的大文豪莎士比亞（William Shakespeare, 1564-1616）說：「愛，充滿嫉妒。」（For love, thou know'st, is full of jealousy.）而遠在公元四世紀的哲學家、神學家奧古斯丁（Augustine of Hippo, 354-430）也說：「沒有嫉妒，就不是愛了。」（He that is not jealous is not in love.）

事實上，一點醋意可以保護和保存一段關係，讓自己和對方：

- 學習珍惜。
- 證明重視對方。
- 不把對方視為理所當然。
- 有機會再次檢視有多愛對方，及這段關係的發展程度。

愛，根本帶着「排他性」（exclusivity）。**個人的愛有限，當你把愛分出去時，就像作投資，你所能愛的人會愈來愈少，到最後，你只能愛一人。**同樣地，你也會期望對方只愛你一個，這樣就產生排他性、獨佔性。

可是，在一種無助、無法自我檢視的情況下，醋意可能累積，漸漸形成過分的嫉妒，成為「添加劑」，令關係變質，更可怕的是，人可能產生控制欲。

為何要操控？我明白你本想肯定對方的愛。沒錯的！不過，**這控制欲其實源於內心的不安感；不安感源於怕失控，及怕失去。**但這種行為恐怕只會令雙方更多誤解，更多不信任，最後增加更多隔膜。

在關係中，充滿嫉妒的人可能有以下的操控方式：

- 內心經常不安，對關係很多負面想像，充滿危機感。
- 經常發脾氣，以作抗議。
- 不斷監察和追查情人的一舉一動和交際狀況。
- 經常拿自己與情人身邊的異性比較。
- 直接或間接用言語詆毀或攻擊心中的假想敵。
- 用類似手法去親近異性，想令對方緊張自己。
- 很想分手。

操控源於內心的恐懼

怕失去對方也好，怕失去這段關係也好，目的都只想保護這段感情。原意是好的。但面對內心的恐懼，才是解決方法。

內心的不安是怕失去 ——

- 被愛的感覺（內在情感的需要）。
- 怕失勢、失去地位（個人的身分定位）。
- 怕失去面子（個人尊嚴）。

有一個女生曾經與我分享，當她看見男朋友與其他女性傾談，就不安起來。連她也感覺自己有點失控。我感觸地對她說：「你不是對他沒信心，而是對自己沒信心。」她就流出兩行眼淚，咽哽說：「其實我很自卑。」**怕失去，是怕失去自己的價值。**

調和你的醋意

健康的相處，是彼此願意找出一種雙方在關係上喜歡的味道。過程中，雙方要不斷檢視：

檢視自己的感覺

感覺是你的味蕾。當你呷醋到一個地步，感覺心情開始差，先問問自己：「害怕什麼？」「失去他或她的感覺會如何？」「你有多愛和珍惜他或她？」「這些感覺和行動目的是想保護自己內心的什麼恐懼和安全感？」

檢視自己如何看自己

很多時候，是你對自己失去自信。請記着，你的價值不純粹建基於關係的得與失，不建基於是否比別人優勝，不要將自己的價值與關係混為一談。觀看自己生命的大圖畫，你可以有信心、快樂地生活，不用完全依賴他人。

檢視自己需要什麼

當完成上面的行動，你漸漸會發現自己真正需要什麼，想對方如何對待自己。你需要的，是一份勇氣，向對方說明你的需要。說明需要，比抗議和打擊更有建設性，這樣對方才能明白你需要什麼。

檢視彼此的關係

當你有點醋意，可能是關係出了小問題、小誤解。分享和溝通大家關係的進程與地步，是增進關係的一種方法。過程中，雙方不妨建立一些協議、共同底線，如：

- 避免與其他異性單獨約會，或作親暱行為。
- 要事前通知對方將會約會哪位異性，事後也交代一下。

愛有甜酸苦辣。
當你感覺有酸苦辣的味道，是時候重尋二人甜蜜的感覺。

不吵架

你們不吵架，固然是好事；但從來沒吵架，你就要留神。

或者你曾聽過，有些情侶說他們從來沒吵架，但後來還是分手收場。你會問他們之間究竟發生了什麼事。其實，不吵架，不代表和諧。

不吵架之謎一：忍

我認識一對情侶，他們拍拖五年，從沒有吵架，在朋友眼中是一對璧人。一天，男生竟然向女朋友提出分手。於是她苦苦追問原因，他說：「我很寂寞！」她說：「我們不是很好嗎，怎會寂寞？」「我覺得我倆很陌生，我也沒有什麼想跟你談。」男生語帶無奈。女生對他的話似懂非懂，只有不斷哭泣。

他們之間究竟出了什麼問題？其實，他們一直在「相處」，但沒有溝通。女生偶爾會向男朋友發脾氣，一氣就一兩天；男朋友一直討厭爭執，每次不論誰對誰錯，都只會忍受，甚至向對方「認錯」，為求息事寧人。於是，男生愈來愈感到疲乏，由於一切敏感話題一概不談，對於關係的情況又不談，剩下來只有生活瑣碎事，彼此間再沒有什麼可談。二人逐漸變得很陌生。

不吵架之謎二：猜

這是另一對情侶。他們拍拖六年。男孩子性格比較沉默，不輕易直接表達自己的內心世界。女孩子是個很敏感別人反應的人，每當看見別人表情或語氣稍有一轉，便想像對方一定狀態有異。

她與男朋友的相處也是這樣。當她向男朋友提出一些事，而男朋友稍為板起臉，就立即聯想男朋友一定是不高興，立刻讓步或者沉默起來。久而久之，她再也不想對他說心底話，有時也心有不甘，問自己為何要忍受他的「脾氣」。一天，她受不住了，向他說：「我們完了！」

害怕衝突的人

有些人害怕衝突。衝突對他們來說等如不和諧，是一種「不能挽救」的狀態。我們叫這情況做「逃避衝突」（conflict avoidance）。這類人的內心世界充滿恐懼，這恐懼主要來自童年和成長。

他們可能生活在一個充滿衝突的家庭，例如父母經常發生衝突，甚至最終離異。在他們的字典裏，關係是充滿衝突的，而衝突根本不能解決。因為他們成長中最重要的關係經驗（父母），是在衝突中沒有妥協，沒討論餘地，而且充滿激烈的負面情緒。故此，長大後，他們要儘量避免與人發生衝突，結果：

- 想像一旦拒絕或反對對方，會招來猛烈的攻擊，之後就無法招架；
- 討好對方，未想清楚就認同對方，同時游說自己對方的論點都不錯；
- 沉默不語或裝作沒事，心裏卻說：「算了！我不想講，反正跟你講也沒用。」

逃避衝突是一種假和諧，雙方其實沒有認真處理問題，只是避之則吉，等待下一個更大的衝突引爆。

吵架的藝術

吵架是一門藝術，考驗大家的情緒智商。事實上，吵架不一定是破壞性，也可以是建設性，有助增進彼此了解和解難能力，關係更進一步。

事前預備

- 遇上問題時，內心當然難冷靜。你可以先問自己：「贏了啖氣，輸了關係，值得嗎？」按捺自己，冷靜下來，寧願暫不出聲，或者說：「不如給大家一些時間去想想如何傾談。」

- 先沉住氣，想想問題所在和引發的原因（通常大家都有點責任）；
- 理解這件事可能令雙方都不愉快，大家都可能是受害者，只是程度不同；
- 要明白吵架的目的在於解決問題，而不是爭勝；
- 選擇一個適合的時間和地點，讓大家容易冷靜、有私隱。

吵架規則

- 當其中一方未準備好對話，不如讓大家歇歇，他日再談；
- 目的在提出問題，不作人身攻擊，不指責對方，所謂「針對事而不針對人」；
- 當一個人在說，另一個人一定要聆聽（聆聽時並非要想如何反駁）；
- 每次表達了一項想法，先問對方的感受和回應，才繼續下一點；
- 過程中，儘量面對目前問題，千萬不要翻舊帳、威脅、動武。

吵架時

- 可以如此開始：「你是否都感到不愉快？不如我們冷靜傾傾，好嗎？」
- 留意自己的聲量和語氣，愈慢愈好，愈平靜愈好；

- 當對方偶有發洩，只表示對方感到不愉快或不懂表達，你不用立即反擊；
- 如有需要，要有勇氣向對方為事情道歉，之後才討論下一件事；
- 過程可能花上很長時間，要有耐性，預留充足時間空間；
- 如果一次未能討論完畢，或大家又開始激動起來，可以給彼此空間冷靜，之後再談，這不是逃避問題。

你可以記着，有兩個形態相近的英文字，一個是 assertive（堅定），這種人有勇氣承受自己和別人的負面情緒；另一個字是 aggressive（好鬥），這種人遇上自己或別人的負面情緒，會感到不安，而且要立即反擊過來。

吵架其實不容易，但「建設性」的吵架則是學習控制自己的情緒。

真愛不是一輩子不吵架，
而是吵架後還能一輩子在一起。

把對父母的憤怒轉嫁情人

我在輔導工作的歷程中，每當處理男女或夫妻關係時，都會遇上這些情況：

「我發覺自己的丈夫與我的父親很相似。父親是個不負責任和自私的人，所有金錢都只花在自己身上。他拋棄了母親，拋棄了一家。我自小失去父愛，也不知道什麼是父愛。

「之後我認識了一個男人，就是我現今的丈夫。他對我很呵護、很關心。我認定他是我的救星，重新給我男人的保護。於是我決定嫁給他。幾年後，他工作很忙，少了時間陪我，也不會留在家裏幫忙。當我向他投訴，他卻反駁我，說我要求高。我的要求有多高呢？

「其實他跟父親一樣自私，工作是他的全部，我只是他生活的點綴，可有可無。為何我選擇了一個像我父親的男人？」

以上類似情況也可能發生在男性身上，男人投射他對媽媽的情意結在女朋友或太太身上，批評她太操控、太多要求。

為何有些人擇偶，往往選中一個性格十足自己父親母親的人。這近似我們在之前討論的「認同作用」和「投射作用」等心理狀態。

「內置記憶體」作怪

我們每個人的腦袋都有個無形的「內置記憶體」，這個「記憶體」幫助我們建立對自己、他人的概念，指揮我們對自己和他人的行動作出相應的反應。它主要在嬰孩時期，透過與父母的相處和經驗形成。

這件事在心理學「依附理論」中叫「內部工作模式」（inner working model）。這模式與我們在幼年時期的依附關係（attachment relationship）息息相關。例如一個幼兒過去的依附經驗是被拒絕和冷落，自覺沒有人愛自己，他便漸漸「學習」以冷漠去面對焦慮和不安；如果依附經驗是忽冷忽熱的對待，就漸漸「學習」激動地嚎哭去尋求關注，因為你領會要得到關注就要大呼小叫。這個「學習」出來的模式，就是「內部工作模式」。

這模式影響人成年後對別人的信任和反應，甚至是擇偶。**他們往往「習慣性地」尋找類似其幼年依附對象形象的伴侶。可是，他們仍會對伴侶重複這些觀感和反應。**

似曾相識的不安

你知道嗎？每個人在童年時期，主要是依靠被愛的需要。被愛與自我幾乎等同。

上文的例子反映這位女士自小缺乏關愛和保護，因而缺乏安全感。理性上，她知道自己要寄託於一個可信靠、可依賴的男人。受「內部工作模式」影響，她選擇了一個比較被動的伴侶，重複地、習慣性地以較為激烈的方式去尋求情感上的關注和滿足。而伴侶又被她的激烈嚇跑，顯得更「被動」。這種互動正正配合她腦海中的「預設」。

最後，**她由討厭她的父親，轉變成討厭她的丈夫。這是一種似曾相識的不安全感。**

減低情感「過敏症」

我不是說她的伴侶完全沒問題。但是，我更擔心她因為過分敏感，會一直痛苦下去。她要減低「過敏症」，就要冷靜一點去跟情人討論如何改善相處，不用靠激烈的情緒去應付。

如果你也討厭你的伴侶似你父母，請暫時放低批評，先處理對你父母的厭惡。

尋找你成長中的「真相」

我們對父母的觀感，受相處時的主觀和客觀因素影響，更受父母任何一方的評價影響。例如單親家庭中的孩子會因母親對父親的批評，而影響對父親的觀感。

所以你要重新認識你的家庭、父母之間的互動及對你的影響。以客觀角度了解當時發生什麼事。

尋找你父母成長中的「真相」

你不用立即喜歡你的父母，但你要了解他們的成長，什麼影響他們成為這樣的父或母。他們當時還年輕，實在也不懂如何做好父親、好母親。也許，他們也沒有被父母好好關懷過。

檢視自己的期望

我們的父母不完美，情人也一樣不完美！了解自己把多少對父母的期望和惱怒投射到情人身上。記得，他或她不是你的父親或母親，不能補償你過去的損失。

在這個過程，如果你發現問題並非個人可以處理，可能要尋求專業心理輔導員幫助。

你的經歷可以是感情的遺憾，
也可以是感情的資源，視乎你如何面對。

處理衝突的勇氣：承載情緒

了解自己的成長過程，幫助我們了解自己。正如上文討論成長中父母與我們的關係，如何影響我們的戀愛觀和行為。精神分析心理學讓我們深入地了解人類原始的情緒狀態，為何我們有時在衝突的處境下會喪失理智？

衝突中的核心情緒是憤怒。憤怒也是惡性衝突循環的助燃劑。憤怒令我們喪失理性，把給對方的愛意，轉為仇恨。其實憤怒是人類其中一種原始情緒。究竟內在的心理世界發生什麼事？那要從嬰孩時期說起。

解構衝突中的情緒狀態

精神分析心理學派心理學家梅蘭妮・克萊恩（Melanie Klein, 1882-1960）專門研究嬰孩和兒童心理學。從了解嬰孩和兒童的情緒變化中，我們可以了解成年人的情緒狀態，每當我們被負面情緒充斥時，往往退化到這種「原始的」狀態。

克萊恩觀察了大量母親和孩子的互動，發現一個共通現象：當孩子遇上不安（如母親暫時離開、得不到合時合適的生心理滿足、遭外界環境干擾等），會產生一種所謂「偏執－分裂心理位置」(paranoid-schizoid position)。**在嬰兒成長過程中，會在對母親的愛與恨兩種心理位置間搖擺，此時嬰兒的情緒反應是極端的好與壞。**此時，在他的潛意識運作中，會有兩種反應：投射性認同及內心深層的分裂。

先解釋一下這兩種反應：

- **投射性認同（projective identification）：**指嬰兒將自己內在自我無法承受的部分（例如不安、煩躁）投射（project）到他人（如母親）身上，然後再內化（identify）該部分。例如，當嬰孩不安，便覺得是母親不好，產生不滿、憤怒，之後從母親的反應，感受上「以為」自己都不好。
- **分裂（splitting）：**是一種偏執，將別人幻想成極好或極壞，沒中間，不客觀，不立體。

以上兩種反應本來是嬰孩的自我保護機制，因為他將未能消化的負面情緒如排毒一樣排出來，以保護自己弱小的心靈。不過，他不能預測母親的反應，也不能用言語表達。如果母親不明白他，忽略了他的情感，甚至用了負面方式回應，孩子會愈來愈討厭母親，同時愈來愈討厭自己，久而久之感覺自己不好、不被愛，正如前文提到缺乏存在感和存在價值。

相反，如果母親能全情投入，帶着「同理心」去了解嬰孩需要，用「心靈的擁抱」去調校自己，直至調節到適切回應嬰孩的需要，嬰孩便會發展到另一個位置[註]，叫「憂鬱心理位置」(depressive position)(這個與抑鬱情緒或抑鬱症無關)，可以冷靜，減弱分裂反應，產生較「客觀」思維；並能站在母親角度（一份原始的同理心），體諒母親（原意指，學懂為母親「憂傷」)，減低自我中心，可接受母親的關愛，不會推開母親。這母子互動是一種「經驗學習」的過程。

將以上概念放在情侶衝突中，情人受到對方衝擊或傷害時，會不自覺地退化成這原始情緒狀態，視對方為極差，忘卻了好的一面，思想盡都負面，拒絕客觀和邏輯（分裂反應）。而對方的不適當或負面反應會令他更反感，同時內化出一種負面自我觀感：自己不好、沒價值、寂寞等，於是更憤怒和自憐（投射性認同反應），如前文說，憤怒是「受了傷」的反應。

【註：克萊恩使用位置（position）而不用階段（stage or phase），因為她認為不管是兒童或成人的心靈，都是流動性的，必須不斷地排遣或防衛不安和焦慮，循環不息地出現。】

衝突降溫，情緒需要被「承載」

上文提到，人在情緒激動時，需要走回「憂鬱心理位置」，重歸冷靜和理性。有時，自己一個人的確未必做到，那要靠身邊的伴侶。方式是：承載（containment）。

這裏想介紹另一位心理學家：威爾弗雷德・比昂（Wilfred Bion, 1897-1979）。他是克萊恩的繼承者，從克萊恩的理論上提出了一個「承載」的理論。首先，母親接收了嬰孩在幻想中給她的投射（包括情緒和未消化的經驗），那些難以承受的部分；然後，為了能夠思考和理解嬰孩發生了什麼事，母親必須忍受、停一停，不反抗對方傳來的「衝擊」；接下來，母親在冷靜中忍耐、思考和明白，以致消化和轉化嬰孩的投射，用一種已消化、已消毒的方式「返還」嬰孩，可以是言語（如說你肚餓了嗎？）、行動（如擁抱），或者平日對待嬰孩的正常態度（如溫柔）。漸漸地，嬰孩也會學懂冷靜、消化自己發生什麼事。

放在關係上，前文不斷重複一個信息，停下、冷靜、不衝動，就是不作「過敏反應」（reactive），反而用忍耐的心去思考對方當下的感受，用一種近乎同理心的方式去轉告對方：「我明白你，我體諒你！」這樣，對方會漸漸重新感受到一份安全感和存在價值，方能回歸理性討論。

衝突下的「新愛的三角」(實踐版)

「承載」可以在「新愛的三角」(實踐版)展現出來。當關係良好時，固然容易去愛，但當雙方出現衝突時，就考驗戀人如何實踐和堅持真愛：

熱情(實踐：看見對方的好)：雖然別人使你不高興，嘗試努力找回對方好的地方。

親密(實踐：運用同理心)：儘量嘗試站在對方的角度，了解、消化他或她的感受、難處、需要。

承諾(實踐：守護承諾)：當初訂立了承諾，即使吃虧，也要堅持保護這段關係，不去破壞。

難以承載的原因

不錯，承載，是極大的挑戰，不容易！當你在情緒高漲時，不妨先冷靜一下，靜心去想想以下問題：

- 你心中是否很憤怒，有沒有以下揮之不去的思想：「你不高興，我都不高興！我都想被體諒、被人氹！」「我沒錯！為什麼我要這樣做？」「你不先道歉，別妄想我會睬你！」
- 你是否感覺很灰心、很無辜，感覺自己被誤會，只想收埋自己？
- 你是否認定對方這一刻很討厭你，甚至憎恨你？覺得自己很不好？
- 你有否懷疑自己沒能力去平靜對方、說服對方，總覺得別人在發怒時不會聽你，也不容易說服，所以寧願放棄、迴避？
- 你是否一向對別人的憤怒感到害怕，擔心別人可能繼續傷害你，往往驚惶失措，選擇退縮？
- 會否別人已經觸動了你昔日成長的傷口，例如是別人（如家人）對你的傷害，久久不能輕易放下？

以上問題可幫助你了解自己當刻的感受，例如憤怒、傷心、懷疑、害怕……這可以冷靜自己，清醒頭腦，嘗試分辨對方未必如你所「想像」般可怕、蠻不講理、充滿惡意。**這叫做「自我分辨」（differentiation of self），嘗試減低情緒化，清楚辨識什麼是現實客觀思考和主觀感受，就不易受周遭的人的情緒影響。**

再者，你之所以有以上強烈反應，也可能受你成長中的傷害所致。那你可能要處理成長的傷痕。要去承載，先決條件是上一章提到的，做個情感獨立的人，需要一份極大的勇氣，去克服和放下。

檢視你和情人的憤怒按鈕（anger / hot button）

右頁有各樣可能令你不高興，甚至憤怒的因素，試找出會影響你心情的項目，填上分數 0 至 3。3 是極憤怒、2 是很討厭、1 是稍為不高興、0 是沒關係。之後再估計你的情人會如何打分，最後也讓情人填寫，看看有沒有差異。

再者，雙方檢視彼此會否容易按到對方的憤怒按鈕、如何避免、如何在發怒前事先提醒。

最後一步，將雙方（A 和 B 行）的分數分別加起來，看看誰比較容易動怒，是個「躁底」的人。或許，他或她是個很需要「被承載」的人，重新建立安全感。那麼，你要做個懂人的人。

	A 你自己	B 你估計你情人	C 由情人填寫
被人拒絕			
無謂的等候			
饑餓			
被欺騙			
被觸碰身體			
太多事務纏身			
被人說閒話			
情感傷害			
被指罵			
收到壞消息			

	A 你自己	B 你估計你情人	C 由情人填寫
遭不公平對待			
別人遲到			
被批評			
很疲倦			
被忽略			
被誤會			
不被尊重			
不想被碰見時被碰見			
太嘈吵			
輸了遊戲或賭博			
發生意外			
被欺凌			
被打擾			
事情不如你計劃			
看到事情不公平			
手足無措，不知如何做			
被人指指點點			

老夫老妻的秘訣

有一次，有個記者訪問一對結婚幾十年，恩愛有加的老夫老妻。記者問老太太：「你覺得丈夫如何，有沒有缺點？」

老太太回答：「很多缺點，多如天上的星星。」

記者很驚訝，為何老太太如此刻薄，於是再問：「那麼你又覺得他有多少優點？」

太太不假思索地答道：「只有一個！」

記者大惑不解，為何老太太還會喜歡丈夫，與他白頭偕老。

太太帶着甜蜜的笑容說：「因為他的優點如同太陽，太陽一出，所有星星都不見了。」

人在極端情緒中，看對方總是不順眼，統統都從負面處看和想。可是，當冷靜下來，你會發現當初選擇他或她的原因，那就是能照耀你生命、溫暖你心的太陽。

第 6 章

走出情傷的勇氣

失戀，打亂你的生活日常。

失戀，對你人生最大的情緒打擊。

失戀，粉碎你對愛的信念、對人的信任。

失戀，給你機會重建自己。

感情如雞蛋，一碰即散

Rebecca 與 Dick 拍拖 6 年，關係一直不錯。吵架當然間中有，但是過幾天大家就和好如初。在 Rebecca 的心中，她感覺自己很幸福，結識了一個好男人。二人也開始計劃明年結婚，酒席都已經訂好。

有次，因為一些小事，他們冷戰了一段時間，兩個星期沒有聯絡。這兩個星期 Rebecca 感覺時間特別長，於是她主動示好，可是 Dick 卻已讀不回，Rebecca 開始慌張起來，怕發生什麼事。

一天 Rebecca 放工，突然收到 Dick 的 WhatsApp 訊息，提出分手，說一早有第三者，還叫 Rebecca 放低，忘記他。Rebecca 重讀再重讀了訊息很多遍，根本不相信自己的眼睛。當時，她的手不斷在震，腦袋完全空白，一個人在街上不停踱步，已不知走到哪裏。她心裏疑問重重：為何六年感情會如此兒戲？為何我們的愛這樣容易被第三者介入？為何有女人會介入別人的感情？

她苦苦哀求：

「放低？談何容易？」
「我求求你，給機會大家再傾，為何不一起面對？」
「一直是我錯，我向你 say sorry。」
「是我一直不夠溫柔體貼，是我不好。」

從這天開始，Rebecca 每日都活在痛苦之中，天天像行屍走肉，沒心機工作，沒胃口飲食，人都消瘦憔悴，但不想家人擔心，每天都要扮精神，扮沒事，也一直不敢對家人提起。

Rebecca 很不甘心六年情就這樣完結，又很矛盾：既已經有第三者，這個人已經不值得愛；但心中非常不捨，的確不想放手。

她發了癲一般亂發訊息：

「你這個賤男人。」
「你曾經講過一生愛我，你記得嗎？原來都是假的。」
「我要你立即歸還所有東西給我。」
「我要你刪除我們所有合照。」

其實她只求 Dick 回覆她一句，要試驗他仍愛不愛自己，是否丁點情誼都沒有？在他心中已沒一點位置？事實是他已經不再愛自己，但她仍然很愛他。

獨個兒的時候，Rebecca 感覺異常寂寞，看着彼此的合照和他送的禮物、想起大家去過的地方、曾經講過的情話⋯⋯她真想時光可以倒流，一切可以重頭開始：她不再大頭蝦、在他忙的時候不煩擾他、不要對他亂發脾氣、在他失意時安慰他、把講過傷害的話統統收回⋯⋯

很多朋友勸她放下。放下，談可容易？

她真心希望 Dick 以後幸福快樂，最好是他們可以一起幸福快樂，可惜⋯⋯已經沒可能！原來幸福不屬於自己。

很無力，心很痛。

失戀是……

失戀令人很痛、很攰、很歇斯底里。有些人分了手，不消幾天可以重新開始，又有些人分手後，久久不能放下，生命彷彿休止了。

失戀是，失去了一個人，或者失去了一段感情，好像失去了一塊肉，生命缺了一部分。很多時，人未必純粹眷戀「那個人」而放不下，而是慨歎失去「那種有人在旁的感覺」；於是感到孤單、寂寞、不甘心或自責。

失戀是，失去了一個已經習慣的生活慣性（routine），被迫重新適應；失去了一個身分（identity）── 你是誰的男友 / 女友、別人的丈夫 / 太太 ── 打回「單身」的原形。

失戀是，不只失去一棵樹，也感覺失去整個森林。

失戀是，感覺向「幸福」說永別。

失戀和被失戀都不好過。

換個角度。失戀也是，看清對方的真面目，同時看見自己的真正需要。

Rebecca 的經歷讓我們感到唏噓。他們之間出現了第三者，加劇了傷勢。分手和失戀，會令人無所適從。這一章會帶你深入探討第三者問題及失戀之種種。

情人有第三者

戀愛像眼球，容不下一點塵或一條眼睫毛，無論如何，你都會想盡辦法把它弄出來，否則一定會不斷「流淚」。愛情跟親情或友情不同，是排他的，容不下第三者。每個人都不可能跟其他人分享自己的情人，都不願當「配角」，只想當情人眼裏唯一的主角。

當你發現情人有第三者

你可能會有一種近乎失戀的感覺。但這種感覺可能比失戀更痛，因為你感覺被徹底出賣。這震驚的消息會打碎你的心，令你不知所措。

之後，**你開始問發生什麼事**，歇斯底里地尋找一切可疑的痕跡和線索，並質問情人是否仍然愛你。你可能在情人面前失控，令自己顏面無存。

你不但懷疑情人的忠誠，更懷疑自己究竟還值得不值得被愛，怕自己被人用完即棄，已沒有價值。

你漸漸開始內疚，悔疚可能當初做得不夠好，令情人生厭，讓情敵有機可乘。你可能刻意改善自己，希望情人回心轉意；又可能刻意做得更差，為了向他報復。

每當情人不在身邊，你就幻想他正在跟情敵溫存，開始妒火中燒。

你害怕失去，又害怕孤單。

以上種種恐懼、憤怒、不知所措、無法控制，加上內疚的感覺，幾乎天天充塞你的腦袋。

給自己勇氣去面對

以上文字希望幫助你掌握和消化你的情緒。不過你還是有些事可以去做：

- 找一些忠誠和待你好的朋友（同性和異性），跟他們分享這刻的感受，請他們守護你。這時候，你會覺得朋友最可貴、最可信。
- 可能你在關係中也曾犯錯，但這次是他出賣你，因此是他的錯。你不用討厭自己。
- 不要明查暗訪情人和情敵的行蹤，你知得愈多，就愈懷疑、愈失控。
- 不要想去捉姦，你會變成電影橋段中的潑婦。
- 不要失控地向情人迫供，他所說的，根本不能盡信。
- 不要將自己跟情敵比較。你已經夠好，他不懂得而已。

- 你難免想情人快一點在兩人中間做選擇。其實，選擇權一直在你手，你應該自己選擇離開與否。
- 如果你感到自己的正常生活已經被打垮得一塌糊塗，這是你放手的時候吧！不要再牽纏下去。
- 如果可以冷靜下來，檢視過去的關係出了什麼問題，雙方有潛質和能力改善和走下去嗎？
- 問自己這一段已經破裂了的感情，還想不想要。
- 之後，找機會冷靜地跟他對話，探尋關係中出了什麼問題，也認真地向他表明，你只想要一對一的關係。
- 請記住，沒有對方的時候，或者失去對方，你仍然是完整的。

不要想着要打垮小三，
要想着不被感情失敗打垮你。

如果你有第三者

當你交上了第三者，最初會感到如沐春風，重回初戀溫馨的感覺。可是，你始終要返回現實，那時你會漸漸發現自己已經迷失。每當你回到「正印」身邊，不但感到內疚，而且老是煩惱如何保守這秘密、如何對待他或她、如何安排節日或週末的時間等。你快要瘋了！好想擺脫一切，一走了之。最終，你還是不想兩個情人傷心，只能舉棋不定。你開始發現自己有「選擇困難症」。

在這個過程中，你也曾討厭自己、憎恨自己。為何自己如此花心，如此不堅定。你的羞恥感，令你想疏遠其他人。

你開始懷疑自己是否懂得愛人，是否一個可以專一的人，可以給情人什麼呢？專一是什麼？如何可以專一地愛一個人？

勇敢做個專一的人

愛情其中一個定義，是一對一的關係，堅定不移及甘心樂意為着對方的好處。簡單而言，就是專一。

專一是一種個性。專一的人心智上比較成熟，知道自己在關係上需要什麼，也知道現時關係發展到一個怎樣的地步。可以說是一種「自信」。相反，有些人經常三心兩意，貪新厭舊，有「選擇失調症」，又或容易怕平淡、怕悶，這些心態都表示對關係概念很模糊。

專一是一種態度。態度反映一個人的價值觀、人生觀及愛情觀。有些人能說得出他們如何看待愛情和婚姻，例如「要忠誠地愛一個人」、「要組織自己的家庭」，他們比較容易面對關係的低潮或平淡時間；有些人卻說不出一個答案，只是說「有拖就去拍」。他們對愛情沒有清晰目標和方向，容易動搖。

專一是一個承諾。承諾代表你的意願和動機。前文提過什麼是承諾。承諾可以給予彼此一個身分及為關係定位。當你認定他或她是你的男朋友或女朋友，就表示不再愛世上另一個人；同時，表示你是個珍惜關係的人。要是你真的要發展另一段關係，首先該好好收拾現時的關係。

專一是一份自我約束。有些人出軌是為了滿足虛榮，或要顯示個人魅力，或本身容易產生愛與性的衝動。加上在網絡容易結識異性，關係可以快來快去，更助長了試探。現今的愛情不得不加強自我約束。

如果出現第三者

停一停去想

即使你發覺與舊愛感情不再，新歡已經出現面前，還請你要三思。人很奇怪，喜歡一個人的時候，往往毋須任何理由；不喜歡一個人的時候，卻有諸多藉口。當你有第三者時，總會在舊愛身上找出千個問題，並認定新歡與你最匹配。請你問問自己，認識了新歡有多久，真的了解他或她嗎？舊愛真的再沒有值得你欣賞的地方嗎？**冷靜一點，忍耐一點，問問自己究竟需要什麼。這過程可能需要一段長時間。**

一段未完一段勿起

如果你已經準備棄舊迎新，請你本着為舊愛好的心態，暫時忍耐不要發展新關係，先處理和收拾原本的關係。這是對舊愛的尊重，也是對你和新歡的尊重。請不要魯莽地說分手，先向對方提出和討論關係中的問題，看看有沒有出路。如果對方暫時未能放手，也要給大家一些時間。你要明白他或她一直對你很專一，不容易說走就走。

再見還會是朋友嗎？我不敢說。因着各人性格和處理手法影響而異。但重點是，關係是一份對人的尊重，而不是自私地一意孤行。

真正的幸福，往往是一念之間的抉擇。
要獲得它，你得學會克服私慾貪婪，珍惜身邊一切，
懂得用心去感受。
最重要是，懂得感恩。

如果你是第三者

你認識他的時候，也許他跟你說他是單身。你當然沒有防範、沒有忌諱去愛。你們很快打得火熱。你對他的愛，一天勝過一天。一日，他竟然對你說，他早已有一個女朋友。從這一天開始，你就成了第三者。

以下是個真實故事。

Jan 在公司剛被調到一個新部門，認識了 Ben。起初 Jan 已經知道 Ben 有女朋友。因此，Jan 也沒打算進深地認識他或者對他有其他意思。

漸漸地，她發覺彼此有很多共同話題和興趣，能做好朋友都不錯。他們每天都傳 WhatsApp 訊息，連生活中的細節都互相交流，知道對方什麼時候做什麼。其實，Jan 也開始發覺不妥，問自己這是什麼關係。

有一天，Ben 突然用講笑的口吻說，喜歡了 Jan，甚至稱呼她為 honey。起初，Jan 以為他純粹講笑，後來 Ben 仍是這樣，Jan 只好叫他不要玩，拒絕了他，因為他有女朋友。

雖然如此，Ben 仍舊對 Jan 很好，很細心，記住 Jan 很多細節。忽然間，Jan 發覺自己已經喜歡了 Ben，他彷彿成了她生活不可或缺的一部分。有一次，Jan 也禁不住向 Ben 表白她喜歡他。他們就這樣開始了，常常找機會出街拍拖。Ben 對她說，愈來愈喜歡她。

之後，他們會在時鐘酒店開房。Jan 感到一份前所未有被愛的感覺，不計較為他去這些地方或服藥避孕。可是，有時在開房時，Ben 會溜去廁所接電話，應該是女朋友的電話。這一刻，Jan 就有一種由天堂跌落地獄的感覺，覺得自己很 cheap。在短短幾分鐘的等候，心頭湧起無比的寂寞和妒忌。

有一天，Ben 跟 Jan 說他和女朋友計劃結婚。Jan 已經受不了，覺得他們之間已經沒任何可能，於是選擇離開。但 Ben 苦苦哀求，在她屋企樓下等她，又哭又擁。Jan 還是忍痛選擇離場。

Jan 的心很痛，因為她有付出，也認真過。她問：難道我不值得被愛嗎？

第三者的疑惑

從這一天開始，你變得很自卑

當你成為第三者，有時你感覺自己是世上最幸福的，有時卻感覺自己是世上最卑微的。你一時感覺自己被愛，一時又覺得自己是次等。當他不在你身邊的時候，你會格外寂寞和空虛，彷彿世上只剩下你一個，只有你才明白自己的心情。你有時會很討厭他，不過更討厭自己很犯賤。

從這一天開始，你變得很失落

你每次跟他在一起的時候會很享受，珍惜每一分每一刻的美好時光，但光陰短暫。你知道自己擁有的愛情是暫借的，每次見面之後，都要物歸原主。這種患得患失的感覺令你死去活來。

從這一天開始，你變得很嫉妒

你不斷想盡方法去爭取最大的利益和幸福，爭取更多時間見面，可能想與你的對手競賽，看誰能獲得「皇上歡心」。她沒有的好處和特質，你想儘量擁有，因此，你可能會更懂得撒嬌，盡可能顯得更善解人意，甚至說出詆毀她的話。你正式向你的情敵宣戰。你的佔有慾漸漸攻佔你的心頭。

從這一天開始，你變得很矛盾

他可能應承你會處理好另一段關係，但你已經等到很不耐煩，有時想喚醒自己，不如退出這段三人關係，但又怎捨得呢？

你想狠狠地教訓他一頓，但當他向你低頭認錯後，你又心軟，回心轉意。你質問自己為何變得優柔寡斷，留下還是離開？你想不通。

勇敢地相信自己是值得被愛

以上文字希望助你掌握和消化你的情緒。既然你知道自己有多苦，不如：

- 問問自己還能在這種煎熬下待多久？
- 問問自己在這段關係中想得到什麼，他的愛？滿足你的好勝心？婚姻？往後的生活無憂？還是純粹的慰藉？
- 計算你還有多少青春和時光，可以這樣揮霍下去？
- 不要查問「情敵」的底細，情人現在跟她做什麼。你知道愈多，煩惱愈多。
- 不要嘗試去找「情敵」晦氣，這樣你會很丟臉和失儀。
- 不要以為付上自己的肉體就可以換取愛。很多時候，他就只想要你的肉體。
- 雖然難為情，仍要找一些忠誠和對你好的朋友（同性和異性），請他們給你一些忠言，甚至搖醒你。你或者可以從異性朋友處聽聽他們的心聲。
- 分析你對他的依戀，是否因為他有着你憧憬的父親形象？要知道你需要的是一個愛人，而不是父親的代替品。

- 你難免想情人快一點在兩人中間做選擇。其實，選擇權一直在你手，你應該自己選擇離開與否。
- 如果你發覺自己的正常生活已經被打垮得一塌糊塗，這是你要放手的時候吧！不要再牽纏下去。
- 盡力平伏自己的情緒，冷靜地與情人對話，認真對他表明，你只想要一對一的關係。
- 要相信你是可愛的，將來也會擁有更好的。

愛錯不要緊，但要在教訓中成長。

香港人失戀報告

2019 年，有個旅遊網站進行了一個網上調查叫「香港人失戀報告」，訪問了人們對失戀的看法。以下是一些有趣發現：

香港人分手後，最多人感受到的心情，依次是 ——

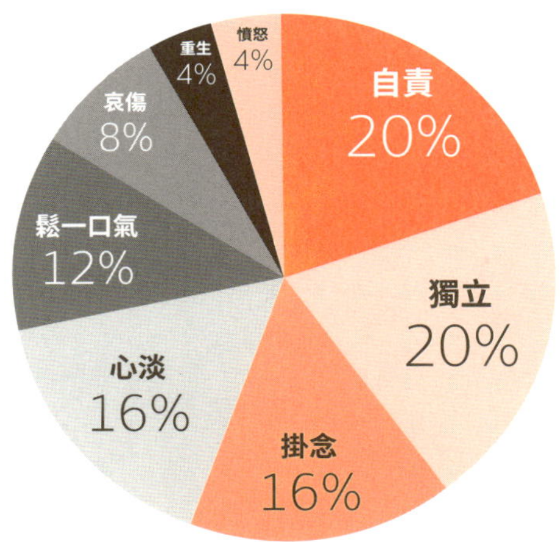

- 失戀故事最常見字眼是第三者、心痛、離開。
- 失戀的人最脆弱的時段是晚上 11 時至凌晨 1 時，可能這是一天工作完畢後，安靜下來的時間，心頭的感受開始湧流出來。
- 最受歡迎的失戀旅行城市是台北，可能因為台灣鄰近香港，航程短、溝通容易、交通方便、城市體驗多元化等，都令它對失戀旅人有特別的吸引力，而且對於沒法輕易請假的香港人，一個台灣週末快閃之旅，也可以讓大家散散心。

- 男性比女性更需要傾訴。男生願意跟網站職員傾談的人數比女性多出 47%，甚至連對話字數也多 61%。原來面對陌生人時，男性比起女性更樂意分享他們的軟弱一面，平日無處訴說的男人之苦，要找「樹窿」，盡情表達情感。

（參考資料：https://www.breakuptours.com/2019 年香港人失戀報告 -2019-the-first-ever-breakup-report-in-hong-kong）

分手，雙方都受了傷

失戀不是純粹一聲「分手吧！」不能一聽就輕易接受。醞釀失戀的一瞬是一個過程，而失戀的日子如何過，也是另一個過程。這個歷程好像四季：有寒冬、有回暖。

有人說，被分手的一方一定比提出分手的一方痛苦，大抵是；但是我們不能不了解分手是雙方的事。雙方都各有不同的心路歷程。

以下我會分別討論「被分手」和「提出分手」雙方的種種，如心路歷程和應對方式等，增強個人勇氣去面對。

被分手的痛

很多被分手的失戀者會擔心自己現在的情況是否很差、會不會復原、痛苦的日子要捱多久⋯⋯等問題。以下是一個籠統的分析，每個個案都會不同，每個人的反應都不同。不過這種參考讓我們更早掌握自己會發生什麼事。

階段	這階段可能會經歷
震驚期	對方說要分手，感到極度震驚、哀傷和難過，暫時無法接受。
矛盾期	很猶豫就這樣放手，雖然逐漸認清感情終究要結束，但還是時常感到失落難過。
憤怒期	時常想起這段感情的點滴，有時候會疑惑自責，有時會怪罪對方。
接納期	漸漸能接受分手的事實，過程中更清楚自己在感情中需要什麼。試圖建立新的生活目標。

無可避免的 5+1 階段

至於失戀者的心理狀態如何形容？他們的心理狀態近乎一種哀傷。**失戀是一種失去，而失去（loss）與哀傷（grief）往往是一個銀幣的兩面。**失去了一段感情，難免會哀傷一段時間，為逝去的感到哀痛。心理學家暨精神科醫生伊莉莎白．

庫伯勒 - 羅絲（Elisabeth Kubler-Ross, 1926-2004）提出有關「哀傷」的五個階段模型，而這個階段討論就近乎失戀的經驗。而她的拍檔大衛．科斯勒（David Kessler, 1959-）在這五個階段上再加上一個，共六個階段。

① 否認 這種事不可能發生在我身上，我不會相信的！

當愛侶跟你說分手，你會覺得震驚，不知所措，被眼前發生的一切淹沒，不能相信和接受。更常常懷疑這只是夢境，並不真實。

這段時間，心情很矛盾，一方面很孤單、寂寞，渴想有人關心、慰問；但另一方面，又很退縮，躲進山洞，不想見人，尤其不想面對一大羣人。有些人會試圖表現剛強，裝作已經從事件中復原，但我鼓勵你接受自己的軟弱，這些日子不會長久，你一定能慢慢復原。

②

憤怒　這太不公平！你毀了我一生，浪費了我的光陰！

這時候，你會發出心理保護機制，將一切的苦毒化為憤怒，想到對方如何辜負你；你過去為了對方做過什麼，而對方一點恩情都不念;想起對方以前的甜言蜜語都是假的，幾乎反胃作嘔;很想對方沒有好日子，沒好下場，特別是因第三者而分手的，會想咒詛他們。另一方面，那份憤怒會像回頭槍射向自己，指責自己過去沒做好而令對方變心、沒挽救感情、分手是自己一手做成，或指責自己很蠢，瞎了雙眼去相信對方。

這段時間，心情很矛盾，憤怒到一個點甚至可能會想跟他同歸於盡，四周去「唱衰」對方，要對方無面，或去騷擾他，令他沒法安寧。相反，也可能會傷害自己（打自己、剁手）去表達心中的痛。請你知道，憤怒背後是受傷。你是受傷的，值得被愛、被關心，大家都不願見到你再傷害自己。你想報復，但是報復只會帶給你更多傷害。

③ 

我不想接受這個結果，再給我機會，好嗎？

這段時間，其實你心裏仍很愛他，不想失去他，所以你會用盡方法去苦苦哀求，希望和好如初。用軟功，去求他，用硬功，去嚇唬他，甚至用死去威脅對方。

明白你好想挽回，但這種近乎發瘋的狀態，什麼也商量不到，對方也會更討厭你。

④ 抑鬱

我好想收藏自己，沉溺在痛苦之中。

這段時間，你大概已經感覺沒法挽回什麼，開始作好心理準備會永遠失去他。人會變得情緒低落，或許會食慾不振、失眠、體重減輕，對任何事物失卻興趣，失去生存意義，甚至有自殺的念頭，也不想再向人重述這件事，已經很累，甚至到了一個想自暴自棄的地步，同時想到自己永遠不再戀愛。若果這些徵狀持續太久，又沒有好轉的跡象，甚至影響日常生活，那麼你必須尋求醫生和輔導員的幫助。

一個人在抑鬱時，往往會覺得別人沒有這經歷，不會明白自己。一方面這是抑鬱情緒影響你有這退縮的思想，另一方面，即使別人不能 100% 明白你又如何？你會值得別人關心和了解更多。

⑤ 接受

我要做一個抉擇，愛或留；一直痛苦下去，還是到了時候放手？

以上情緒比較激烈的階段可維持三到六星期，也可能是數個月，你會盡情發洩你的痛苦和悲傷。在極度痛苦的時候，你會再次回到「否認」階段。「否定」有時會令人舒服一點，不用面對將來，但千萬不要在這階段逗留太久。只有面對現實的痛苦，人才會慢慢康復過來。

能夠接受事實，對復原來說非常重要，但面對現實往往令人痛苦。放下，談何容易？**接納，必須發自內心，不能勉強，有時要忍耐和等候。如果你給自己空間和時間，便會發覺自己逐漸在適應改變，並且慢慢有了一些新計劃和目標，開始重建自我價值觀，開展新生活。**

我曾經因為第三者原因被分手，心裏傷痛了很長的日子，足足幾年時間。有一次朋友相約，我不經意提起前度，用了一些痛恨的字眼去形容。好友忽然語重心長地對我就：「這麼多年都放不下？其實最辛苦是你！」我感覺當頭棒喝，是的，原來我一直不能接受，就一直帶着傷痛度日。我不一定放過對方，但更重要是，選擇「放過自己」。

⑥ 意義 ---- 我終於明白從過去的感情，學到了什麼。

這個階段是由科斯勒提出，當失戀的人能夠走到這個階段，便會更有能力振作和站起來走新的路。很多時候，失戀的人被過去的傷痛和思維綑綁，令他們失去一份自信、存在感、價值和應有的信念。這些信念不只指一些正面思維如「放下吧！」「失去一棵樹，可得一個森林」「忘記這個人，這個人對你不重要」等，不能簡單地植入腦袋，改變自己。

人要掙脫那些思維和痛苦，必須為過去的感情尋找「意義」，建立信念，就是：那個「死去的人」或「死去的感情」究竟給了我什麼？以下是一些例子：

「我是個不可愛，沒人會想要的人。」

我發現過去我都曾被這個人愛過，他或她都給了我很多美好回憶。這已經足夠保留。再者，我的價值不單放在這個人身上，更應該放在身邊珍惜我的人身上。

「我以後都是孤零零一個人。」

我發現原來我以前忽略了朋友。我仍然可以找他們。我有一直關心我的朋友，可向他們傾訴，也可以結識新朋友，擴闊自己的生活圈子。最重要的，是我可以成為自己最好的朋友。

「我已經失去一切，一無所有。」

我發現只是失去一個戀人，雖然非常難過，但得回我的家人、朋友、工作，慢慢重建我所失去的，也漸漸發現我的人生目標及優次。這個世界原來很大，過去我活得迷茫，完全忽略了。

「我無法重新再開始一段新感情。」

我發現一切事情都有一個「時間」，不在我掌握之中。但這只是暫時性。只有等候，需要一些時間，便會復原。而我在這段關係中學了很多，認識自己很多，過去做錯的，會對我將來重新開始的感情有莫大的幫助。

「我一蹶不振，永遠都是這個樣子。」

我雖然現在感到疲倦和灰心，但知道不會永遠都是這樣。我終於發現真正的自己：原來需要什麼、原來是怎樣的一個人（真我）。我雖不喜歡過去的自己，但可以重新做回自己，慢慢恢復信心和勇氣，只要給我一段時間，我可以再次站起來，再次上路。

失戀療傷練習

以下練習參考自《總有一次失戀》（突破，2014）。當你一個人寂寞的時候，與其讓思維無限 loop，不如給自己思考空間。以下習作有助你表達心中的感受。哀傷的情感，唯有得到我們的承認，並用言語表達出來，情緒才會平靜下來，傷口才會痊癒。下列是失戀者常有的感覺，請填上不同的顏色，表達你失戀後內心的不同感覺。

數算失去

曾請受導者寫下因失戀而生的「失去」，記錄的時候，要用第一身的句式：「我失去 —— 」

- 我失去了一個關心我的人。
- 我失去了一個每晚在電話中跟我喁喁細語的人。
- 我失去了每早跟他 / 她吃早餐的時光。
- 我失去了陪我在鳳凰山看日出的人。
- 我失去了一個每天下班在公司樓下等我的人。
- 我失去了在我徬徨不知所措的時候，他 / 她給我的安慰和指引。
- 我失去了和他 / 她一起遊車河，一起乘涼的日子。
- 我失去了他 / 她抱擁着我腰間那舒服的感覺。
- 我失去了購買小禮物給他 / 她的機會。
- 我失去了再次到他 / 她家，探望他 / 她家人的機會；我再不能吃他 / 她母親烹調的美味菜餚，也失去了他 / 她家人對我的關心。
- 我失去了和他 / 她一同看電影，以及和他 / 她的小狗玩耍的日子。
- 我失去了跟他 / 她的同事一起打網球的機會。
- 我失去了在家門前跟他 / 她吻別的親密感覺。
- 我失去了自信。
- 我失去了對未來的盼望。

我怎樣去愛？

請按照愛的三角理論（第 4 章），思想一下你和情人的關係破裂，到底缺乏了哪個真愛元素？

① 你們過去是否各自忙碌，沒有花足夠時間、精神、心思，栽培那「激情」的愛火，致使感情轉淡？

② 你們的溝通是否經常發生誤會，彼此傷害，積聚怨憤，以致最後無法接納和寬恕對方？

③ 你們的生活目標和人生觀是否有很大距離，以致不能委身成為彼此的永久伴侶？

換個腦袋

失戀之後，腦裏有什麼負面思想？檢視哪些部分是非理性的（irrational）？哪些部分是脫離現實的？然後嘗試和自己對話，改寫那些負面的想法。

① 現有想法：

更新想法：

② 現有想法：

更新想法：

③ 現有想法：

更新想法：

只有將拳頭中緊握不放的東西放開，
才能抓住更多更好的東西。

說分手也不容易

被分手的一方固然激動和痛苦，但提出分手的一方未必一定會好過。有些提出分手的一方經歷很大的掙扎，甚至事後悔恨。

當然以下是一個籠統的分析，每段感情都會不同，每個人的反應都不同。但我們參考這個分析，讓提出一方明白自己，也讓被分手一方可以掌握對方多一點。**人在失戀時，會變得特別自我中心，目的是自我保護，同時也可能困住自己，甚至鑽牛角尖。**

階段	這階段可能會經歷
搖擺期	對關係感到無力挫折，懷疑這段關係，考慮分手。
罪咎期	提出分手後，對方的反應讓自己感到愧疚，不確定自己這樣做對不對，考慮復合或走開。
評估期	雖然分開，但是互動還是像情人一樣，不確定這樣是不是對大家都好。
重整期	真的分開了。感到失落和空白，對於自己想要什麼樣的感情和生活有些不確定，開始適應新生活。

不是提出分手，而是「溝通」分手

分手時，有些人會選擇迴避談論，只拋下一句「我們分手吧」，甚至用 WhatsApp 草草說了便算。又或者，有些人會不給原因、用含糊籠統（如性格不合）或不成理由的理由（如覺得現在不適合戀愛）等去解釋分手。

明白提出一方會害怕談論分手，一方面怕自己變成千古罪人，另一方面害怕對方難纏不放。是的，很多時候，無論你給什麼理由，對方都不會接受（前段談過被分手者的否認感受）。不過，如果提出分手一方拒絕就分手進行交流，會對被分手者產生較大傷害。被分手者可能會不斷猜測背後的原因，試圖去找到被分手的理由，需要花費更長時間，才能釋懷。

此外，由於被分手者需要知道理由，來說服自己分手的合理性，他們也有更大機率去纏着分手者，試圖要一個說法；也有些被分手者，會認為分手者不說清楚分手的緣由，就是還有挽回的可能，因此還會反復糾纏。

其實，分手時最重要不是「一個理由」（雖然被分手一方會不停地追問），而是溝通，從溝通中：

- 雙方有機會表達與釋放自己的負面情緒；
- 談論原本可能在關係中壓抑的真實想法；
- 檢視關係中一直存在的問題；
- 提供一個「過程」讓雙方循序漸進地處理。

因此，溝通是提供修復關係，又或者自我成長的機會。雙方能從對方得到反饋，了解自己在這段關係中暴露出的問題，意識到自己在親密關係中的不足，並針對性地改善這些缺陷。

研究證明，如果分手者和被分手者有機會一起談論分手的理由，雙方在分手後的抑鬱感都會減少。

很多人都傾向逃避問題、責任，所以提出分手不容易，在分手時好好溝通更是困難。要記住，即或已經不愛，在什麼時候都要向對方負責任。因此，我們需要勇氣。

分手前——考慮與計劃

確定自己做好分手的決定，在提出分手前，要先對關係進行一個評估。

- 我是否過分情緒化地看待關係中的問題？
- 我是否將自己的責任推給對方，例如希望他滿足我的所有需求？或者問題只由對方解決？
- 雙方是否曾認真地討論過關係中的問題？
- 我們是否各自在關係中沒有成長？
- 對方曾經令我快樂和幫助我變得更好？
- 如果分手，我會比現在更加痛苦？
- 如果這些問題發生在我好友身上，我未必會鼓勵他分手？

以上問題，如果你的回答有多個「是」的話，請再認真考慮一下。可能你不應立即分手，而是需要檢討雙方關係。

在提出分手之前，你需要做一個計劃。可以在紙上列出在分手過程中，你們可能發生的對話與衝突，也可以找朋友來做角色扮演，練習如何應對衝突，如何理性地表達自己的情緒。

其次，你需要仔細地考慮分手後可能會發生的改變，不論是情感上的，還是經濟上的。如果你們目前是同居，那麼你可能需要找到可以暫時居住的地方；如果你們之間共同擁有一些比較貴重的物品，也要想好到時候的處理，避免因為這些瓜葛而拖長分手的過程。

分手過程——釋出善意

儘量選擇面對面傾談，而不用網上訊息。因為網上訊息會失去非語言的信息，甚至引起誤會（可參看第 4 章）。在提出分手時，以平和、真誠的態度說出自己的感受、想法和決定的原因。不要找藉口，也避免用負面或誰對誰錯的說法。過程中，要懂得感謝對方：「這段關係中，我也快樂過。」「感謝這段日子」「你在這段關係給了我……」「祝福你」。雖然關係不能繼續，但可以送對方善意。

承載對方情緒

大多情況下，對方都會發出激烈情緒。如前文提過，你可以做的，就是停下、冷靜、不衝動，不作「過敏反應」，反而用忍耐的心思考對方當下的感受，用一種近乎同理心的方式轉告對方：「我明白你很不捨！你一定很辛苦！」減低對方的痛苦。

你可能怕這樣做會令對方誤會你仍關心他或她，所以你要同時注意分手過程中不要拖拉。如果你不想給對方無謂的希望，就不要含糊其辭，明確地表示要分手，只是以舊愛的身分去明白他或她的感受。

分手後——再見亦是朋友？

如果你希望能和對方繼續做朋友，你可以提出，但是要理解對方可能會拒絕；而如果對方提出繼續做朋友的要求，而你並不希望，也不要為接受而接受。雙方要接受即或做朋友也不會跟以前一樣。

建立界線

在分手之後，你需要立刻停止和對方做任何伴侶會做的事情，例如一起行街、看戲、食飯等。你要重新訂立跟對方的界線。可能剛開始時，你會覺得對方變得比較冷漠和遙遠，但這是必然的。不要為此而主動地聯絡或者關心對方，更不要在分手後有身體上的親密。

對你的前度保持耐性和忍耐，理解對方可能會有很強烈的負面情緒反應，如憤怒或抑鬱等。請不要反擊，也不要因為感到愧疚或心軟而越界。如果對方不斷給你打電話，你可以直截了當地告訴對方，你知道他很難過，但現在你的角色不適合關心他。

如果對方用自殘或自殺去威脅你，你要考慮通知對方的好友或家人，讓他們可以看守對方，有需要時要向專業人士求助。

建立支持系統

最後，你需要建立自己的支持系統。研究發現，提出分手的人會有種種負面情緒，也會經歷喪失的過程。你可以找朋友傾訴，甚至進行心理輔導。

即或已經不愛，也要向對方負責任。

走出情傷的勇氣：找回更好的自己

前文一直都強調，我們的存在感和自我觀的重要，這些是受着成長中我們跟父母的關係，又或者與至愛情人的關係影響。從這個角度，我們可以進一步討論以下兩方面：

- 運用「依附理論」去理解不同人的不同反應；
- 運用弗洛依德（Sigmund Freud）的「哀傷理論」去理解失戀的內心反應和自我觀。

不同分手反應：我覺得自己好不好

精神分析學派心理學家約翰・鮑比（John Bowlby, 1907-1990）及同事瑪麗・愛因斯沃斯（Mary Ainsworth, 1913-1999）創立「依附理論」。「依附理論」說明了人對關係變遷的不同反應。

首先，這裏要介紹幾個主要的依附模式。他們的型態都是相對的，不是判定一個人就是那類型。安全型的模式近乎之前說的「情感獨立」狀態，而非安全型的模式有個共通點：覺得自己不夠好。

依附型態	安全型	焦慮逃避型	焦慮抗拒型	焦慮矛盾型
成長因素	自小得到適當的關注和認同。	自小被忽略，只有靠自己面對。	自小有時被關心，有時被忽略或誤解，學習要靠討好才獲得關愛。	自小有時被關心，有時被忽略或誤解，學習靠發脾氣，用情緒控制他人。
自我觀	感到自己被愛，有價值。	不需要愛和情感。	懷疑自己是否被愛。	懷疑自己是否被愛。
關係反應	情感相對獨立。	理性冷漠，推開他人(內裏其實有情感需要)。	努力討好與苛求。	盲目追求和測試底線。

被分手一方

安全型：一直積極地留意關係的變化，留意到自己及對方的需要和問題。分手時，可稍為理性討論，儘量站在雙方位置思考。雖然還要一段時間復原，也可以漸漸重新站起來。

焦慮逃避型：立即斬斷這段關係，最好以後不聯絡，也草草地即時開展新關係，強迫自己向前望（move on），但傷疤仍留在心底未處理。

焦慮抗拒型：非常焦慮，不會相信和接受分手，用盡方法去討好和哀求對方回心轉意，有時甚至情願忍受三人行。

焦慮矛盾型：非常焦慮，不會相信和接受分手，又哭又吵又鬧，用激烈的情緒反應去威脅或控制對方，希望改變事實。更激烈的，會以自殘和自殺去要脅。

提出分手一方

安全型：直接表達分手意圖，積極地看待親密關係中的種種變化；認為即使關係結束，他們依然有機會、也有能力與他人進入下一段關係，所以分手並不是一件可怕而要迴避的事。

焦慮逃避型：傾向使用間接的方式分手，例如他們可能會忽然疏遠，指望你知難而退，遂提出分手，而在分手後會立刻疏遠。

焦慮抗拒型：非常焦慮，會盡可能拖延提出分手，就算主動提出名義上的分手，也很難真的切斷。他會希望能和對方再見亦是朋友，甚至保留復合的機會。

焦慮矛盾型：非常焦慮，不知如何提出分手，有時覺得自己有錯，有時又認為自己才是受害者，對方要為關係中的問題負責。如果他人怪責他提出分手，他會埋怨大家不明白他、尋求體諒或發難。

放下，先要找回更好的自己

從失戀中放下，談何容易呢？放下，不是純粹原諒對方；不是忘記；不是當沒事發生；不是四大皆空；不是說向前看就可以向前看……放下，其實是找回更好的自己，就是成長。

精神分析學心理學始祖弗洛依德早在 1917 年已經開始探討「哀傷」的題目。他所指的哀傷是指失去至愛的情感狀態。他的理論更成為後世了解哀傷的模範，也為我們提供對失戀的啟迪。以下是一些要點：

- 哀傷分兩種，一種是正常的（mourning），雖然會憂傷，最終可以渡過和跨越哀傷；另一種是不正常的（melancholia），一直停留在哀傷裏，甚至不斷自我責備和自我貶低。
- 過渡哀傷，需要逐漸了解和分辨自己的內在和現實世界（reality testing）。
- 不正常哀傷的人當然會責備對方的不是，但同時責備自己，有意識或潛意識地覺得自己不好、沒價值、沒人愛；內心非常矛盾，非常亂。

- 對於不正常哀傷的人，離開了的情人本來是他可依附的人。現在失去了依附，在潛意識或幻想中，是不願捨掉，繼續需要情感上依附那人，另一方面又痛恨他捨己而去；內心充滿愛與恨，對自己也是又愛又恨。
- **在過去的依附關係中，漸漸形成「認同作用」：愛他＝認同他＝他成為自己內在的一部分（或全部）。**在潛意識中，情人是自我的一部分（或全部）。失去了情人，就感覺失去了自我（就是自我價值、意義、身分、定位、方向等），將自己推進極度抑鬱中。

從以上了解，我們會明白為何有些人會在失戀時說：生命彷彿破了一個很大的洞，就是失去自我的一大部分。這個空洞得靠你和一些真正關心你的家人和朋友幫忙修補。

勇敢地，找回更好的自己

沒有他或她，可能沒有人陪你去看電影、吃飯、過生日和情人節⋯⋯不過，你可以做一件事，也只有你可親自做的，就是找回更好的自己。

- 你知道繼續自責和自我貶低，只會繼續打擊自己，令這個洞更大嗎？
- 你一直以來有沒有建立自我？做你自己？為自己而活？
- 過去會否將他人（或情人）當成為你的全部？
- 失去情人令你感覺失去了什麼？有多少是反映你的自我價值？
- 你的自我價值完全得靠這個人建立嗎？你的價值從何而來？是自己為自己打造嗎？
- 你的空洞跟你的成長有沒有關係？昔日與父母的相處得到足夠的關愛嗎？你對前度的憤怒，是否跟你對父或母昔日的憤怒類同？
- 你心中的空洞，可以如何修補？可以找回更好的自己？

可能你不相信，你是個可以被愛的人。那麼，即使是幻覺也好，自我催眠也好，都要拚命地去想像：「我可以被愛的。」只是一直板起一張臭面，當然沒有人會再愛你。

愛的反面是……

有一個失戀的女生向智者傾訴苦情。智者問他：「愛的反面是什麼？」

她回答說：「當然是恨！」

智者給她回應：「如果有個人和愛人分手二十年了，一天他們相遇。她對他說我恨你，那麼我就要恭喜那個男人，她竟然將他放在心上二十年。」

於是她問智者：「那麼愛的反面是什麼？」

智者說：「很簡單！只是人看得太複雜！愛的反面不是恨，只是『不愛』。」

失戀，提你要從那人身上移走你的愛，將愛留給自己，留給會珍惜你的人。恨，只會令你的生命依然空洞；只有自愛，才能完善你自己。

失戀的心靈療癒

失戀，不但是感情的終結，也是整個人的心靈創傷，打擊生活、自信、感受，甚至信仰。

以下五篇文章，嘗試結合心理和基督教信仰，陪失戀者走過不同的情感階段，幫助讀者將一時間複雜混亂的思緒、意念、感覺、情緒整理好，逐一歸檔，好好放在生命上，讓失戀的經歷成為你人生的一部分，再上路，再去愛。

導讀

1. 閱讀次序

文章按情感分離階段的次序安排，但每個人的心路歷程都不同，又或者會經歷反來覆去的階段。你可以按個人情感需要和狀態，選擇先讀哪一篇，甚至讀過再讀。

2. 筆記

用心讀，意思是慢慢讀，細味當中一字一句對「你」的意義。建議你拿起筆，在引發共鳴的文字上做記號，或畫線或圈點，又或者在旁邊記下你的感受和思緒。閱讀時，若你想起一些曾經感動你的詩歌，不妨用心靈哼唱。

3. 祈禱

讓自己有安靜和沉默的時間，可以是祈禱，可以是默坐。這時你的心不是靜止的，而是讓情感沉澱。你可以隔一段時間，重新翻閱之前讀過的篇章，重新查閱你做過記號的地方。

4. 聖靈

可能你沒有心情禱告，就讓自己默然等候，聖靈會親自用說不出的歎息，為你祈禱。在沉默中，讓你的思緒自然流過，聽聽上帝要向你說什麼。

5. 分享 / 分擔

不妨找信任的人，向他們分享你的讀後感和與你祈禱，請弟兄姊妹為你守望禱告。

從否認、憤怒到安慰

分手後一個月，我仍然無法安枕，每當獨自一人，一幕幕與他一起的情境湧現眼前，為什麼他要拋棄我？我用力拍打牀褥，捶胸頓足。然後，淚一直流下來，我很痛，痛恨他，也痛恨自己。

怨憤與傷痛交纏

我明白你現在非常憤怒，甚至不明所以，以致你不斷自問為何如此……

你認為自己曾經為這段感情付出很多，卻遭拋棄，心傷了，自尊也傷了。即使沒有對等的回報，起碼不要落得如此下場。然而，你內心很矛盾，滿腦子都是過去與他一起的回憶，懷念他，又惱恨他……

你可曾希望他給你一個合理的分手理由、向你真心道歉，又或可以回心轉意？可曾因掛念他，想給他電話訊息，又或痛罵他一番？要是這樣做，之後又可會暗自後悔？可曾希望他惡有惡報？

你繼續與這份矛盾、痛苦周旋搏鬥，有時刻意瘋狂地工作麻醉自己，有時只想抱頭大睡，有時找另一個愛情替代品去填補這份失落。然而，你的內心難以平靜，你根本不能集中注意力做任何事，見任何人。

對關係執著

你的腦袋快要爆裂了，彷彿被負面的情緒牢牢地鎖住，**你已經失去了「自由」，沒法「安息」。**

《聖經．希伯來書》3 章提過，以色列人在曠野中躁動，不能進入神的安息，因為他們硬着心。硬了的心會使人糊塗，使人執著。

你會問：「我執著什麼？」**你執著，因為你不想眼巴巴看着悉心經營的關係就此終結，心血付諸東流，付出得不着回報。**這份執著令你難以安寧，難以安息，甚至令你惱恨上帝，懷疑上帝。

放下，在愛裏安息

失戀令人最痛的經驗，就是令你感到完全失控，覺得很無助，但你可曾想過要擁抱這份無助感嗎？有想過嗎，原來無助的感覺才真能令你擱下執著。**內心的無助，才能叫人放棄自己想要掌控什麼，要預計什麼的念頭。**

無助不是畏縮或卑微，卻提醒你此時此刻要靠上帝，催促自己一心尋求聖靈的光照，單純地依賴天父的憐憫。

痛苦中，上帝跟你在一起。祂要與你相遇，要擁抱你、安慰你。你絕對是被愛憐的！

你如今要發脾氣，發嘮叨的話，儘管流着淚走到主前，向主耶穌訴說吧！你以為祂掩面不顧你嗎？以為祂睜着眼看你受苦嗎？事實上，祂曾經為你重重地被鞭傷，狠狠地被釘死，還有什麼不能承受呢？

其實，主耶穌在乎你。祂只不過暫時默然，為你哀傷。祂既以身體的痛苦使你得醫治，豈不能給你安全感？但願你可以安心「放下」，在祂的懷中好好睡一覺。

「我必安然躺下睡覺，因為獨有你 —— 耶和華使我安然居住。」(〈詩篇〉4：8)

從討價還價到領受恩典

上帝為何沒有保守我不用面對失戀？為何上帝叫我遇見痛苦？為何祂沒有聽我的祈禱？究竟上帝在哪裏？

上帝在哪裏

你的痛苦是你感到兩個矛盾：上帝是慈愛的，但殘忍地叫你遇見痛苦；上帝是全能的，但無法幫助你避免痛苦。

即使你向上帝大聲呼求和發問，卻聽不到回音，你不禁質疑：「上帝，我還可以相信祢嗎？」

你正在跟上帝討價還價，但你的苦惱與疑惑是可以體諒的。失戀之苦對你來說，不是「神學」問題，是你的真實「經歷」。

雲上太陽

我曾嚐過失戀的苦澀，就是那種「叫天不應，叫地不聞」的滋味；也曾懷疑上帝，不想上教會，不想接觸弟兄姊妹。當時，我曾經靠不同的方法自我解脫，其中一種就是跑步，以求發洩內心的憤慨。

有一次，跑步時，想起過去的經歷，很是憂傷。驟然，天下起細雨，我心想：「上帝，你玩弄我還不夠嗎？」於是，倏然落下眼淚。突然，當我抬頭一看，發現雖然天下着雨，仍是一片澄藍，原來一層薄薄雨雲背後是明媚陽光。我內心即時響起一首詩歌《雲上太陽》（詞：吳幸肅）：

雲上太陽，它從不改變，
雖然小雨灑在臉上，
雲上太陽，它從不改變，
啊！它不改變。

本來悲憤的眼淚，頓時變成觸動的眼淚。原來，**上帝沒有溜走不顧我們，沒有改變當天要拯救我們的初衷。**祂一直在密雲背後，守候我們這些愚昧無知的人。撫心自問，原來，我們對上帝的種種質問，純粹是低谷中的情感發洩；我們一度厭棄上帝，不過是厭棄自己；我們根本不需要答案，因為無論什麼答案也不能安慰自己。

這時候，只需要恩典。

苦難中的恩典

我想起另一首詩歌，《何等恩典》（詞：謝秉哲）：

以真誠的心，降服在祢面前，開我心眼使我看見；
以感恩的心，領受生命活水，從祢而來的溫柔謙卑。

何等恩典，祢竟然在乎我；何等恩典，祢寶血為我流；
何等恩典，祢以尊貴榮耀為我冠冕，我的嘴必充滿讚美。

祢已挪去我所有枷鎖，祢已挪去我所有重擔，
祢已挪去我所有傷悲，祢的名配得所有頌讚。

這是何等的恩典呢？回想一幕幕上帝在我們生命中的點滴恩典，自問：「上帝真的離開過我嗎？」又再問：「面對神的恩典，我們配得領受嗎？」

我們本來不配，可是當我們發現生命中出現過的恩典，就能得到一份肯定，肯定自己原是被愛的，從未被遺忘。

在失戀的苦澀中，你深深感受到一份沉重，一份綑綁，但只要你再次認定恩典從無間斷，就能以最單純的心去相信，心悅誠服地到主面前，支取祂的恩典，讓祂替我們挪去重擔和枷鎖。

你縱然害怕面對將來，諸如單身的日子怎過、沒有依靠的生活怎過、如何面對舊愛、如何面對他人等。我請你嘗試將難題的清單交給上帝。

你只要將這一切都交託上帝，祂必然在適當的時候、適當的機會，指教你做適當的事、說適當的話。

當你學習將這段療傷歷程交給上帝，你會漸漸領悟，這不再是你的時間，而是上帝的時間；這不再是你的軛，而是上帝的軛。

從抑鬱的空洞到自我完整

沒想過我們的感情會走到盡頭，人生就像破了一個大洞。我想快快將他的一切從我的腦袋中刪除，可是我辦不到。

直面生命的遺憾

失去這段關係，你最大的無奈，就是遺憾。留下，只有歎息。怎樣形容這份遺憾呢？

這遺憾，就像心靈中留下一個無法形容，又無法測量的「缺口」或者「空洞」。這空洞使讓你感到孤單寂寞，感到沒有將來。當這兩種感覺交纏，你忽然感覺自己變得「不完美」、「不完整」，內心有種無法被別人、被自己所明白、所填補的缺口。

我知你曾經渴望人生可以完美，只是你遍尋不獲。你慨歎「人有悲歡離合，月有陰晴圓缺」，自己已沒有美好的原生家庭，又沒有完美的外形和優勢，竟然連戀愛也無法開花結果。你哀歎這無法完美的終結。

走出幽谷

你有時想擺脫這種自憐，重新站起來，但卻找不着一個起始點。

附篇

知道嗎，千里之行，始於足下，請你接近那空洞。不過，那個地方不容易接近，那裏滿載你沒法埋藏和刪除的記憶，會重遇痛苦的過去、重遇他；更甚的，你會遇見你的不完美，不喜歡自己的地方。沒有這場分手，你根本沒想過要走進那兒。

憑什麼起行呢？先找個安全的立足點，哪裏找呢？

上帝就是你安全的立足點。「我雖然行過死蔭的幽谷，也不怕遭害，因為你與我同在；你的杖、你的竿，都安慰我。」（〈詩篇〉23：4）你聽到上帝的呼喚嗎？祂溫柔地召你走向祂。

當你走進這條漆黑的隧道，上帝可以保證你不會遭害。你害怕時會問：「上帝，你在哪裏？」放心！上帝願意緊貼你每一步，一手拉着你，一路釋出一道清暉，替你引路，走過死蔭的幽谷。

走在這路上，有時你會鑽牛角尖，變得更悲哀、更迷失，想放棄，回頭。但上帝能夠叫你的靈魂甦醒。甦醒的意思是「回轉」，目光轉向上帝，才有清晰的路標燈塔，不會無止境地鑽牛角尖。

重新成為整全

當你面對過去的悲哀，難免慨歎為何感情沒有完美，人沒有完美。你以為苦無出路嗎？其實，此刻你有一件事可以做，就是幫助破碎的自己變得更整全。

十九世紀神學家祈克果（Søren Kierkegaard, 1813-1855）曾與未婚妻分手，經歷一番痛苦，最後頓悟說：「俗世人說要找個完美的人去談戀愛，基督教卻說，人先追求自我完全，才能毫無保留去愛他人。」我想，他所指的自我完全，就是自我整全。

分手可以是遺憾，也可以是一個機遇使你變得更完整，讓你有機會從糊塗中甦醒，重過新生活。

失戀是一場悲哀，也是一場解脫。失戀的感覺很痛，但一直眷戀着已不愛你或不懂愛你的人，其實更痛。失戀，換句話說，是讓你走出昔日愛的綑綁 —— 不再被不配做你伴侶的人支配你，從此可以翻身，重獲自由，為自己能夠離開而驕傲。

失戀是一場失落，也是一場整合。失戀教曉你告別天真和幼稚，也告別一時的糊塗。你可以從失敗中大徹大悟，再次認識自己，了解自己的優點缺點、對搞關係的幼嫩，重整自己

附篇

對愛的定義和要求，由天真走向理智，從無邏輯走向會思考。

有人說，分手教曉你要放手；我說，分手教曉你如何長大。長大背後或許佈滿歎息，但請你忍耐等候，等待生命光線重新綻放。

從自責到接納自己

有時，我會感到自己仍然愛着他、掛念他，很想回到他身邊，但我知道已經不可以重頭再來。我很後悔，後悔自己一手摧毀這段關係，以後不可能再遇上了。

不要自責

面對分手，你傾向自責。

面對一段關係不能開花結果、舊愛對你冷漠，或者你一直以來的付出不再獲欣賞，你傾向譴責自己，從中查找不足。你悔恨為何要自討苦吃。你可能以為自責能替自己贖罪，令你好過一點，甚至以為可以贖回這段感情。

不過，當你想透過自責去挽回這段感情時，表示你不想面對這結果。由相戀的一刻開始，你可能以為憑自己的方法和努力，可以操控感情的結果。但事實證明，關係不是單靠一人可以控制得到的。

你自責，也在自憐，但當你愈自憐，只會令已破碎的你更破碎。分手已令你遍體鱗傷，過分自責對你又有什麼益處？

請你不要再責怪自己。

接納結果

怪責自己和承認自己的限制是兩回事。怪責自己是無法接受結果，悔不當初，而**承認自己的限制，卻是接納自己的軟弱。**

你可能害怕軟弱，害怕接受自己是軟弱的事實。你可知道，這軟弱也是一份力量，「因我什麼時候軟弱，什麼時候就剛強了。」（〈哥林多後書〉12：10）

為何軟弱會是力量呢？當你承認自己有限制，才可以放下依靠自己去挽回一切的意圖，能接納任何結果。在這接納的過程中，你會慢慢辨別生命中的限制與破碎：你的限制可能是你過往在關係中的愚昧和任性；你的破碎可能是過去成長中、關係中的纍纍傷痕，令你對愛情趨之若鶩，身不由己，放不了手。這些種種是你當初沒法解釋和解決的，你都不想吧！

當你愈能夠細察和辨識，內心才能變得釋放和澄明，得着勇氣依靠上帝，讓祂介入你的生命，透視你內心的破碎和不完美。你的生命和遭遇是上帝計劃的一部分。**這計劃對你來說，是獨特的，是度身訂造的，為要使你有機會面對自己，面對內在的破損和缺乏;也學習面對孤單、依依不捨的感覺。**

親密何處尋

我明白，失去一段親密關係，你可能感覺慌張，好像在大海中遇溺，想不斷去抓救生圈。你愈抓狂就愈疲累，愈難捉到。

請相信，上帝知道親密關係是你生命的本質，是基本的需要。上帝由始至終都願與你的生命契合，建立親密，也會透過祂預備的「愛的羣體」去包圍你、滿足你。你要知道，這種分離的感覺是暫時的。**請你暫時忍耐和擱下這份飢渴，並且相信你這份渴望終有一天能得到滿足。**

別忘記，祂曾應許無限量地愛你：

「因為我深信無論是死，是生，是天使，是掌權的，是有能的，是現在的事，是將來的事，是高處的，是低處的，是別的受造之物，都不能叫我們與神的愛隔絕；這愛是在我們的主基督耶穌裏的。」（〈羅馬書〉8：38-39）

不用害怕，這些艱難的日子有一天會過去的。今天，似乎看不見明天。上帝在人的生命中只讓他看見下一小步，但這一小步足夠你前行不倒。當你一小步、一小步繼續行走，有一天你就會走出低谷，步向光明。

附篇

從囚禁到釋放

我已無法重新開始，他破壞了我的人生！請勿叫我原諒他，這實在對我太殘忍，太不公平。

從囚牢中走出來

或者你覺得他背叛了你，你滿心委屈。你說：「我向他付出愛、時間和一切，換來的是他草草了斷，這對我很不公道，我怎能原諒他呢？」

這是「恨」。

你以為恨可以阻止自己再想起他，與他保持一段安全距離，才不致感到受傷，也為自己保留一絲尊嚴。

可是，含恨會消耗你全身的力氣。恨一個人，其實是跟自己鬥氣。當你以為斷不能寬恕，其實你已失去了選擇權。你被傷痛牢牢地綑綁住，心裏沒有自由。

當你恨一個人，你其實只是恨在他身上看見自己的某部分。當你恨他拋棄你，只是恨自己不夠好，不比別人好。同時，你痛恨自己當初這樣輕易信任別人。

原來，**你最放不過的人，不是他，反而是自己！**

寬恕是一場轉化

主耶穌教導我們寬恕人七十個七次，你的確無法立即寬恕他，但可以認清，寬恕是一趟漫長的轉化旅程，我們只能從不斷的嘗試和從失敗中學習。

寬恕是個決定

寬恕的開始是要求自己做一個決定，這決定是一份決心，決心不再忍受這道傷痕隱隱作痛，不受怨憤綑綁，釋放自己，重新過日子，面對這段關係。這只是一種立場，一條你將要走的新路線，而不是立即就能寬恕。

寬恕是個漫長的過程

視乎你的傷痛深淺，寬恕所需要的時間也不同。過程中，情緒或會波濤起伏，時好時壞。你能找一些同行的羣體包圍你，向他們表達你想寬恕的意圖，他們會接受你的時間表和有時失控的情緒。

在這轉化的過程中，你會漸漸發現，**當初拒絕你的人，不是你想像中「強壯」，相反是多麼「軟弱」。**他向你所作的，不一定刻意傷害你，不過是出於他的種種限制，例如不懂表達、不懂去愛、不懂體恤、不認識自己，甚至不愛自己，還有他的貪婪和醜陋……

他要等待的，不是你的寬恕，而是上帝的寬恕。這時候，你就祈求上帝寬恕他，也賜你力量去轉化。

重新體認你的價值

你可能已經準備寬恕，但內心不時響起一把叫你納悶不安的聲音：「不可能饒恕，饒恕他豈不是向他低頭了嗎？那我還有尊嚴嗎？我豈不是貶低了自己的價值嗎？」

也請你知道，**寬恕不是自我貶低，也不是抬高自己，更不是要審判他，定他的罪。相反，這是一種自我肯定，對自己說：「我釋懷了！已經不在乎。」**

請你相信，無論你經歷過什麼，都不能貶損你的價值，及將來去愛的能力。你在感情生活中任何風波，都不會改變你在上帝眼中的價值。

你的價值，不在於他，不在於你，只在於祂。

有祢愛我

當我們失意時，寂寞時，會變得軟弱和脆弱，感覺自己失去存在感。願你在神裏面得着一份完全的存在感，剛強振作起來。

送上一首詩歌叫《有祢愛我》（詞：伍偉基），當我們深知上帝愛我們時，便感實在，感存在。

祢是愛，祢對我的愛從沒改，
沒有因歲月改變，沒有因我罪生厭，
我呼喊祢名字，祢笑臉向着我，祢一次又一次。

祢是愛，祢對我的愛從沒改，
就算今我又失信，但祢的信實不變，
我呼喊祢名字，祢笑臉向着我，祢一次又一次。

有祢愛我讓我知道我是存在，
有祢愛我讓我知道我重要，
有祢愛我讓我知道我是人，
被珍惜的一個，讓我知道祢是愛。

第 7 章

仰 望 恩 典 的 勇 氣

愛，需要恩典。

愛，需要基督的心。

愛，是以愛換愛。

Maggie 愛的疑惑

Maggie 今年 30 歲，生於基督教家庭，自小跟隨父母上教會，在高中時期正式決志，重新認定信仰，參加不同的教會聚會，擔當不少教會工作。

23 歲前，Maggie 都是單身，也覺得單身沒大問題，甚享受那份自由。之後，她結交了團契的男生，開始拍拖，拍拖不到兩年，Maggie 總覺得對方未夠成熟，吊兒郎當，加上性格不合，對未來的方向又不同，最後提出分手。這事以後，她再找不到合適對象，或者可能沒心機去拍拖。

有時，Maggie 會後悔當初為何選擇分手，是否自己太容易放棄？但又想，如果當日沒有分手，今天二人又會發展到什麼地步？ Maggie 想不通。

雖然很多教友都鼓勵她再開始，為她介紹不少男生，但 Maggie 仍是猶豫不決，感覺戀愛並不是這樣，但又說不出是怎樣。朋友慫恿下，她也嘗試用基督徒網上交友 app 認識男生。可是那些男人不是奇形怪狀，就是眼角甚高，反而令 Maggie 懷疑自己不夠水平。

Maggie 無奈以前的戀情無疾而終，質疑過去是否在感情上做得不夠好，內心隱隱作痛。她看見很多姊妹戀愛、結婚、生子，多麼順利順心。各人一雙一對，開始有兒有女，心中既羨慕，又感懷身世。而其他單身姊妹又未必個個跟她情況一樣，不能作參考。

她想，自己相貌不差，有正當職業、性格隨和、信仰純正，自問對感情認真，為何偏偏在戀愛的事上受折磨？她也常常禱告，為何神不保守看顧呢？

最近，Maggie 鼓起勇氣去讀一些有關戀愛的書籍，感覺書中內容雖有道理，可是卻不易達到，愈讀愈覺自己未準備好去談戀愛，不禁歎了一口氣，究竟何時才算準備好呢？

為愛尋找出路

讀到這裏，不論你是否基督徒，可能都有以下反應：

1. 明白上述的話，也感覺有希望，原來追尋戀愛是有方法、有方向的。

2. 感覺有道理，但是要求很高，彷彿自己如故事中的 Maggie，未長大，未準備好進入一段感情。

對於第一種反應，你已經有多點勇氣去面對戀愛，面對感情事；對於第二種反應，也是正常的，不用徬徨，成長需要時間，幸運地，你已經開始思考，想擺脫綑綁你的舊思維。

即使如此，戀愛不是單靠人的努力可以控制所有，關係太微妙，人太無知；感情太猛烈，人太軟弱；你想愛很簡單，其實關係可以很複雜。所以，我們需要從上而來的恩典。

雖然前文已經從不同心理向度分析如何面對關係中的種種困難與挫折，但真正的出路在於上帝賜予人的恩典。

正如楔子中的詩歌 How do I love thee? 中的一句：「我的心靈探索上帝的同在和無窮的恩典。」(My soul can reach,

when feeling out of sight/For the ends of Being and ideal Grace.）我們在探索戀愛的同時，不能不探索上帝恩典的臨在。

在這一章，我們會分別從《聖經》（主要是〈雅歌〉）及基督教信仰角度去解構「愛的元素」，為戀愛尋找出路。

不要驚動愛情

你認識的《不要驚動愛情》，可能主要是透過一首流行曲，其實這歌曲由歌名到內容都是出自《聖經・雅歌》。

〈雅歌〉是一本歷史久遠的猶太人愛情詩歌集，收錄在《聖經》中，據說是所羅門王於公元前 10 世紀創作。〈雅歌〉以詩歌體裁描寫男女互相傾慕之情，透過主角良人（好男人）和書拉密女（牧羊女）之間的對唱和隱喻，反映出矢志不渝的愛情。表面上，〈雅歌〉絲絲入扣地記敘了一段男女愛情故事，就像你和我一樣的平凡故事。同時，它也像迪士尼式的童話，蘊含着愛的真諦。難怪時至今日，猶太人仍會在他們每年五大節期中的「逾越節」歌唱頌讀，反思何謂愛。

這篇不是〈雅歌〉的經文解釋，純粹是以〈雅歌〉出發，了解前文所學習的愛的道理和原則。

愛是……

愛是高山低谷

「愛情，眾水不能熄滅，大水也不能淹沒。」（8：7 上）

〈雅歌〉並非離地的童話故事，不是描述一對不知天高地厚的男女，憧憬着羅曼蒂克，有情飲水飽的愛情。

《聖經》學者 Hugh Thomas Kerr 說：「〈雅歌〉中的一對男女沒有對愛情作出不切實際的幻想；相反地，他們的愛是幾經艱苦、排除萬難才贏取得來的。」**關係中會出現誤會、引誘、外遇、人生高低起跌……戀愛中可能會有高山低谷，赴湯蹈火，經歷「眾水」與「大水」等風浪與危機。**

如果要形容愛的滋味，那味道會是苦中帶甜，甜中帶苦(bitter-sweet)。從來沒有人可以大膽講戀愛只有甜，沒有苦。不是苦中作樂，而是經歷過苦頭，更覺甘甜。甜蜜中嚐點苦，提高警覺。

〈雅歌〉提醒我們，為了愛，要咬緊牙根，盡力克服種種困難，不輕言放棄。

愛是無價

「若有人拿家中所有的財寶要換愛情，就全被藐視。」(8：7 下)

〈雅歌〉說明愛有着高尚的情操和價值。不少人口說無條件，實際上會有條件地去愛，計算收多少和給多少。他們要對回報的物質或關愛感到滿意，才會順心，繼續走下去，儼如一種等價交易。這種愛，難有信任，難有真正的生命交流和分享。

對的，無條件的愛非常偉大，你覺得做不到。試想，太有條件的愛容易使人失望，因為有時我們內在的需要和慾望實在大得連情人（或任何人）都擔當不起。當情人一時不能滿足，一時失腳，或只是你主觀地感覺對方滿足不到，便容易浮現「我想要，你不給我」的偏執，萌生失望。失望漸漸累積，化為內心的酸和毒，影響我們對情人的所有觀感。

試着想：「有時候，即使你做不到，我也可以 let go，因為我愛的是你這個人。」這正是包容和接受。

愛是受保護動物

「我指着羚羊或田野的母鹿囑咐你們：不要驚動、不要叫醒我所親愛的，等他自己情願。」（2：7；3：5；8：4）

你可能覺得奇怪，談愛情，跟野生動物有何關係。你要知道，詩歌往往善用比喻去表達一些情感和道理。羚羊或母鹿是一種隱喻 。

〈雅歌〉利用羚羊和母鹿比喻愛情。羚羊和母鹿代表膽小和需要溫柔體貼，代表我們要對愛情謹慎小心，handle with care！

不少人對戀愛的態度過分輕率，合則來，不合則去，甚至對性關係也很隨便，認為性純粹是一種肉體滿足而已。他們忽略了人對愛情投入可以很巨大，一旦遇上挫敗，可以變得極為脆弱，傷口久久沒法癒合。

要認真去開始和看待一段感情，尊重對方是個人，不輕易超越界線，不輕易出言傷害。如果愛是一顆心，應該是玻璃心。

愛是等待

羚羊和母鹿同時代表純潔，反映對愛情要存純潔心、沒機心。愛情不能勉強或強求，要你情我願。熱戀中，愛會很高漲衝動，極需要冷靜。《聖經》學者 Douglas O'Donnell 理解這經文時說：「結婚前，在親密關係上，要信任上帝的時間。」愛，須要等待。

單身的人急於求愛，可能是難忍心中的寂寞感、羞恥感。**有句話說得好：「一段感情關係只不過是兩個人共同去應付一些單身時沒遇見的問題。」拍拖的人有拍拖的苦惱，羨慕單**

身的自由；單身的人有單身的鬱悶，羨慕有拖拍的人甜蜜，你看我好，我看你好。

戀愛中的人也要學習忍耐，陪伴和等待情人的成長，不能將個人意願強加在對方身上，一味只要對方配合你，要學習忍耐、陪伴和等待情人的成長，直至共同調校出一致的步伐。

這裏不是說「隨緣」，而是生命如醇酒，需要時間去醞釀，等待自己成長，為了清楚自己是怎樣的人、需要什麼、學曉跟別人親密相處。時機到，你的親密關係會出現，或你已懂得自如自處。

有一種愛叫等待，就是對自己和情人的付出。

愛是神聖

《聖經》原著以希伯來文寫作，而「羚羊」的希伯來文 “Sebaoth” 跟上帝的名字「萬軍之耶和華」的「萬軍」 “Sabaoth” 發音相近；而「母鹿」“Ayeloth Hassadeh” 跟「全能的神」“El Shaddai” 發音相近。故此，從文學寫作手法看，羚羊和母鹿可以代表「上帝」。「囑咐」這個字的原意是「起誓」。前後合起來，表示基督徒戀人需要在上帝面前起誓，立志認真戀愛，讓上帝看守這段關係。

當你真誠地相信一生在上帝手裏，你的感情也是祂安排、引導、看顧的一部分。祂不會想你孤獨終老，不願見你在感情上傷痕纍纍。即有困苦，祂也想你看到祂的同在和恩典。回頭看，原來主一直對你不離不棄。於是，你就甘心情願地對祂完全信靠和順服。

上帝同時是你們二人的監護人、見證人。關係中，試探處處，所以要對得住對方，也對得住上帝，不作瞞騙、背叛的事，在祂面前堅守承諾盟誓。

你跟情人和上帝是拆不開的鐵三角。

愛的三角 @ 雅歌

前文多次提到愛的三角理論，就是愛的主要元素。這理論雖是現代心理學，其實也在〈雅歌〉中隱約出現的原則。「新愛的三角」（實踐版）包括：熱情（看見對方的好）、親密（同理心）和承諾（守護承諾），在基本的三角理論上展現「實踐性」。

請你嘗試閱讀整本〈雅歌〉，嘗試找出有關三種愛的元素和實踐的經文，記在下面，之後對照現代感情關係，今時今日的戀人會遇上什麼困難去實踐真愛。

熱情（實踐：看見對方的好）：彼此欣賞和仰慕。

例子：

牧羊女子：

「我的良人哪，你甚美麗可愛！」（1：16）

好男人：

「我的佳偶，你甚美麗！你甚美麗！」（4：1）

其他例子：__________________________________

困難：_____________________________________

親密（實踐：運用同理心）：如何將對方放在心上，擁抱，細心聆聽，了解對方需要。

例子：

牧羊女子：

「求你將我放在你心上如印記。」（8：6）

「在我們的門內有各樣新陳佳美的果子；我的良人，這都是我為你存留的。」（7：13）

「他的左手在我頭下，他的右手將我抱住。」（2：6；8：3）

好男人：

「你這住在園中的，同伴都要聽你的聲音，求你使我也得聽見。」（8：13）

其他例子：____

困難：____

承諾（實踐：守護承諾）：確認對方單單屬於自己，不會輕易放手，讓給他人。

例子：

牧羊女子：

「良人屬我，我也屬他。」（2：16；6：3；7：10）

好男人：

「我的妹子，我的新婦乃是關鎖的園、禁閉的井、封閉的泉源。」（4：12）（園子、井和泉源代表女子的寶貴貞潔，須要為未來丈夫保留）

「她若是門，我們要用香柏木板圍護她。」（8：9）

其他例子：____

困難：____

如何愛你更深

前文提過，愛情不純是浪漫，卻是夢幻與現實、激情與冷靜、甜與苦之間的混合體。這正是愛情如此令人如癡如醉又叫苦連天的魔力。

可能你會覺得什麼愛的三角說得太漂亮了，實踐不到的。的確，對人來說，愛是如此困難，如何能愛，且愛到底，愛到無條件呢？

這裏，我們會從神學角度去了解整個關係歷程的起承轉合，更重要是如何與基督連結，真正建立上帝和你們的鐵三角。

戀愛關係的進深過程

神學家夫婦巴斯威克夫婦（Jack Balswick & Judith Balswick）在著作《家庭：從基督教觀點探討當代家庭》（*The Family: A Christian Perspective on the Comtemporary Home*）中提出了一個神學 – 心理的概念，將基督教的信仰整合於心理學，說明了戀愛、婚姻或家庭種種關係的起承轉合。而你也會發現他們指出的，跟這本書一直所談的同出一轍。

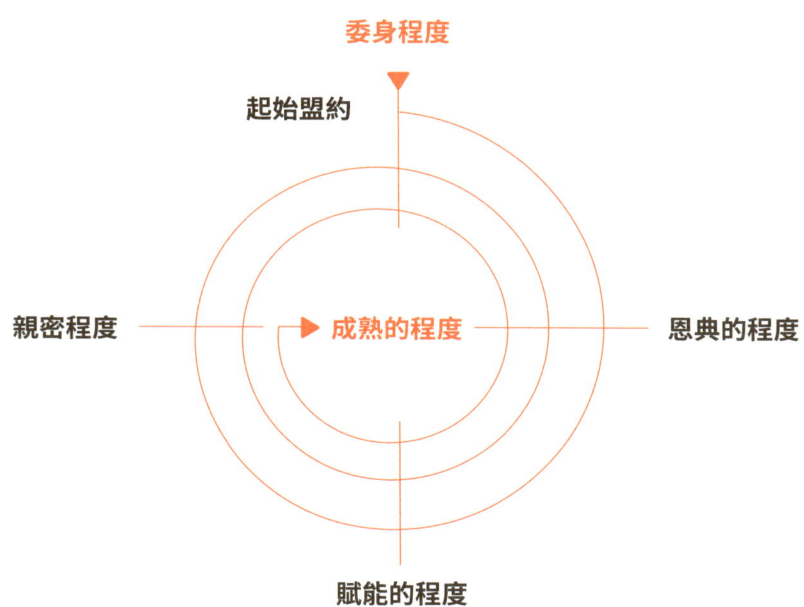

上圖介紹關係中四個主要階段：委身盟約（covenant）、恩典（grace）、賦能（empowering）和親密（intimacy）。

圖中的圈線將四個階段連繫起來，而圈線也代表這不是直線關係，而是一種內轉的螺旋，不同階段以螺旋方式一步一步地進深、深化，漸漸地，關係被建立、被經營至成熟的程度。

委身

所有戀愛關係的起點都有少許委身。當男孩子開始約會女孩子時，女孩子會想男孩子不要再約會其他異性；當大家情投意合時，雙方會想對方在別人、在社交平台上認定自己是情人。隨着委身程度增加，信任和安全感也增加，同時會費盡心思令對方開心快樂，將自己最好的送給對方，這就是「恩典」的開始。

信仰基礎：委身是神對人無條件的盟約，「我要做你們的神，你們要做我的子民。」這是一種關係（參〈利未記〉26：12, 45、〈耶利米書〉31：22；32：38、〈以西結書〉11：20, 36：28）。這盟約建基於神單方面的行動，不是取決於人討價還價的結果，無論人接受與否，神已經向人委身。當然這約更彰顯於耶穌基督與人立約，為我們以死贖罪（參四福音書及〈希伯來書〉8：6-7）。

恩典

恩典不純是哄哄對方而已，當關係過了蜜月期，雙方加深認識，便開始發現對方「不好的」一面，這時候考驗來了，你需要判斷你會否給對方更多的信任、包容、接納、尊重，讓對方做回更好的自己，這就是「賦能」的開始。

信仰基礎：恩典在神學的意思是：不配得，卻得着神的愛。恩典是神的盟約的延伸。神設計的家庭關係是要人活在恩典之中，而不是律法或交易之中。以盟約為基礎的關係理應充滿恩典和饒恕。基督道成肉身是神賜人恩典的極致，神在我們還作罪人的時候就作出這驚人之舉，將自己奉獻（〈羅馬書〉5：8）。

賦能

戀愛初期，雙方關係未深，認識淺薄，傾向以對方能否滿足自己作考慮，看看對方願意付出多少。先決考慮是我得到什麼，而不是我可以奉獻什麼。當你從對方獲得「恩典」，便漸漸願意為對方付出，處處為對方着想，想對方好，希望他或她成為更好的一個人，就是鼓勵、發掘對方的長處、幫助對方、樂見對方成長，更重要是，放下自己的議程（agenda），這就是「親密」的開始。

信仰基礎：如果盟約是神對人的委身，恩典是神對人的接納，那麼賦能是神在人生命中的作為，「我來了，是要羊（或作人）得生命，並且得的更豐盛。」（〈約翰福音〉10：10）神對陷入罪惡及無能景況的人賜下能力，使得克服困難，更重要是成為神的兒女，成全盟約。

親密

戀愛初期，想天天相見，時時交換訊息，甚至身體接近。隨着彼此認識、了解和關懷，親密會轉化，在肉體和性關係以上的心靈上的親密，開始更容易明白對方的喜好、思維、價值觀，心靈漸漸相通起來。遇上焦慮，你會第一時間找對方，對方是你情感的靠岸，這又回到「委身」的部分，你願意信靠這個人，將自己交給對方。

信仰基礎：這親密不是卿卿我我，是一份了解和被了解，深入的交流和認識。〈創世記〉中，亞當和夏娃最初能坦誠玉帛相見，並不羞恥（〈創世記〉3：7）。可是，因為人的軟弱，令人產生羞恥感，便需要戴上面具，變得虛偽。但基督的愛是無懼的，「神就是愛⋯⋯愛裏沒有懼怕；愛既完全，就把懼怕除去。」（〈約翰一書〉4：16, 18）我們知道即使我們多麼醜陋、無能或遍體鱗傷，都有恩典伴隨。

愛，是一個螺旋，沒有一步到位，要經營，要磨練。

愛，需要恩典，是從神而來的恩典。

仰望恩典的勇氣：以愛換愛

「基督愛我們，因為祂找不到什麼值得祂愛。在我們裏面，根本沒有什麼吸引祂的地方；在祂聖潔的眼裏，我們更是乏善足陳。但是基督仍然以祂無盡的愛，去換取我們對祂的愛。」（Christ loved us when there was no loveliness to draw His love. There was nothing attractive to be seen in us. All was abominable to His pure eyes. But Christ has infinite loveliness to win and draw our love.）

以上是神學家約拿單・愛德華滋（Jonathan Edwards, 1703-1758）的話。他是美國歷史上最偉大的神學家之一，是十八世紀美國大覺醒運動的領導人。他用這話解釋「唯有基督在我們還作罪人的時候為我們死，神的愛就在此向我們顯明了。」（〈羅馬書〉5：8）這就是恩典。

換取對方的愛的方法不是操控，不是威迫利誘，也不是搖尾乞憐。唯一方法是：愛。

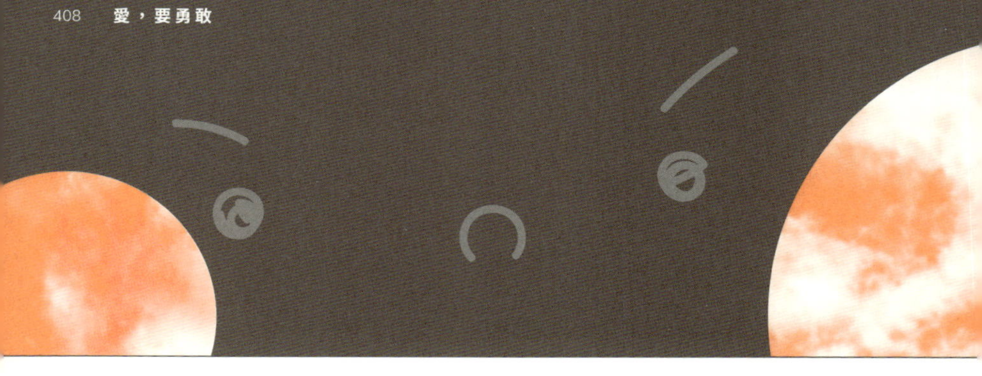

可能在你心底，特別在關係惡劣時，總覺得情人一無是處、人老珠黃、性格缺陷，總之不順眼。愛，就要愛到底，正如基督愛我們一樣。

仰望恩典的勇氣，就是讓基督的愛去換取你的愛，再以你的愛去換取情人的愛。

為情人寫禱文

很多人都會為情人祈禱。當大家熱戀時，很容易忘記神，只享受在甜蜜中。但在關係不愉快時，又遭個人和別人的情緒籠罩，不會或不懂祈禱。對，有時祈禱會變得如此困難。

嘗試現在就作預備，為情人先寫下一篇祈禱文。當你們關係一旦觸礁，你也可以用禱文去祈禱。撰寫時，可以利用以下要點：

- 回顧你們的結識、認識及定情的時刻和過程，為此向神感恩。

- 想起你欣賞情人的地方，為何你當初選擇他或她，為此向神感恩。
- 回顧情人過去帶給你最快樂的地方，為此向神感恩。
- 在這段關係中，情人帶給了你什麼，如何影響你有好的改變和成長，為此向神感恩。
- 回顧情人過去的成長，有什麼特別遭遇和經驗；又或者，他或她如何受父母家人影響。當中可能有喜也有悲，願神繼續祝福，或者醫治。
- 為情人向神祈求，讓他或她變得更快樂、能在關係中成長，並且使用你成為「流通的管子」，幫助對方可以快樂、成長。

未完的話……愛的起點

弔詭地，在整本書的「結束」，要談愛的「起點」。或許，很多感情關係，正需要經歷風雨、挫折、起承轉合，又會重回起點，明瞭當初為何選中他或她，又或者想弄清楚自己真正的需要。

回到起點，因為我們必須了解愛的源頭。

從人之初說起

心理學始祖弗洛依德（Sigmund Freud）在《性學三論》（*Three Essays of The Theory of Sexuality*）的第一論指出，愛情的起源追溯自家庭關係和經驗。這經驗不是尋常的家庭生活，而是嬰兒和母親之間的緊密生理、心理互動。

弗洛依德假設人自嬰孩時期具有天生原始的「原欲」（libido），原欲是一個很抽象的概念，同時結合生理和心理的因素，包括對快感、生理需要、性（肉體的）興奮、陪伴和愛等的滿足。同時，嬰孩會以一種叫「欲力」（cathexis）的內在動力，去回饋和吸引那能夠滿足其原欲的「客體或他人」(例如母親)。簡言之，想得到「被愛」的滿足，內心會產生一種「去愛」的動力，彼此繫引。

當然，於一個嬰孩而言，他不會理解什麼叫「愛」。他只會從母親的照顧和關愛中、最基本是生理的滿足，如餵哺、身體性敏感帶的刺激等，從無意識到有意識，逐漸「理解」何謂愛。因此，嬰孩最早對於感官刺激的經驗就是與母親的連結。母嬰關係是一切愛情關係的原型。

弗洛依德再指出，初生嬰孩並不知道自己有「自我的獨立存在」，以為與母親是「一體」，因為母親總是對嬰孩言聽計從，有需要時立即供應和滿足，就像嬰孩身體的一部分，這種自給自足的沉溺狀態叫「原初自戀」(primary narcissism)。

當嬰孩隨時日成長，他會發現母親不會總是隨傳隨到，有求必應，畢竟他和母親是兩個「獨立個體」，從而逐漸孕育出一份「自我感」(或存在感)，並忍受與母親分離的痛苦經驗(如斷奶)，「自我」就在創傷中誕生。

因此弗洛依德說：「若將孩子吸吮母親乳房的行為視作愛的關係的起點，不無道理。而尋找性愛對象其實是在找回熟悉的感覺。」追求愛情的原欲動力就是來自原初滿足經驗的「追求」與「失落」。愛是試圖重新找回失落的客體，回到母嬰未分的相融狀態。

超越的勇氣

以上說明了什麼？人在愛中尋尋覓覓，跌跌碰碰，遊走「追求」與「失落」之間，無疑愛情的確是 bitter-sweet，有喜有悲，有苦有樂。愛，不能迴避痛苦，乃是要超越。

如何超越？如整本書所言，人要成長，從自戀和自我中心走向他人，認識和尊重他人是一個獨立的個體，之後敢作犧牲，敢作付出，以愛換愛。**因此，要超越自我被滿足的欲望，需要一份超越的勇氣。超越的勇氣，來自主耶穌基督。**

主耶穌基督道成肉身，忍受、接納和超越了人的限制，歷盡關係中的喜怒哀樂，甚至被出賣，被釘死在十字架上，為我們犧牲，顯出「超越的愛」。**誠然，世間的愛有許多限制。相愛，就要超越，與「限制」共存：一方面按捺自己「想先被接納」的欲望，轉去包容對方的限制，另一方面坦然地讓對方接觸自己的限制。**如何做到？這要靠基督超越的愛的榜樣和力量。

大文豪魯易斯（C. S. Lewis, 1898-1963）歸納出世間有「四種愛」，以四個希臘字去形容：*storge* 親愛（affection），*philia* 友愛（friendship），*eros* 情愛（romantic love）和 *agape* 無私的大愛（selfless love）。基督的愛就是 *agape*！

如果你問我，我會歸納為「兩種愛」：一種是自我中心的愛，另一種是看見他人的愛。當你看見和尊重他人是一個人，你將會更曉得愛。

我衷心祝福你，勇敢去追尋和實踐，愛！

你的弟兄

Ringo

2020 年 3 月

疫情下的日子

參考書目

Balswick, O. J., & Balswick, K. J.(1989)*The Family: A Christian Perspective on the Contemporary Home*. Michigan: Baker Academic.

Bion, W. R.(1962)*Learning From Experience*. London: Karnac Books.

Bowlby, J., & Ainsworth, M.(1991) 'An Ethological Approach to Personality Development', in *American Psychologist*. Vol. 46(4), 333-341.

Chapman, D. G.(1992)*The Five Love Languages: The Secret to Love that Lasts*. Chicago: Northfield Publishing.

Donnell, O. D.(2012)*Song of Solomon*. Illinois: Crossway.

Freud, S.(1905) 'Three Essays on the Theory of Sexuality', in *The Standard Edition of the Complete Psychological Works of Sigmund Freud*, Vol. 7, 247-254.

Freud, S.(1917) 'Mourning and melancholia', in *The standard Edition of the Complete Psychological Works of Sigmund Freud*, Vol. 14, 1914-1916.

Freud, S.(1930) 'Civilization and its Discontents', in *The Standard Edition of the Complete Psychological Works of Sigmund Freud*, Vol. 21, 57-145.

Fromm, E.(1956)*The Art of Loving*. New York: Harper.

Lewis, C. S.(1960)*Four Loves*. New York: Harcourt Brace & Company.

Kessler, D.(2019)*Finding Meaning: The Sixth Stage of Grie*f. New York: Scribner.